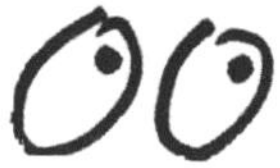

학교 밖 학교

학교 밖 학교

학교 밖 청소년 지원센터 꿈드림 이야기

장 재 현 지음

여는 글

제가 김치를 좋아해서 김치 이야기를 좀 하겠습니다. 시중에서 팔고 있는 김치는 비싸기도 하지만 제 입맛에 맞지 않습니다. 그래서 김장할 때 많이 해서 다음 김장 때까지 먹기도 하고 철마다 나오는 김칫거리를 사다 그때그때 담가 먹기도 합니다. 또 열무와 얼갈이를 한 단씩 사서 버무린 맛깔스러운 겉절이를 따뜻한 밥에 얹어 먹어도 꿀맛입니다.

다양성! 네, 다양성을 말하려고 합니다.

김치를 봐도 그래요. 이제 막 버무린 겉절이를 좋아하는 사람, 시큼하게 잘 익은 신김치를 좋아하는 사람, 묵은김치를 좋아하는 사람, 고린내가 날 정도로 푹 삭힌 김치를 좋아하는 사람, 얼근한 맛을 좋아하는 사람, 소를 많이 넣은 김치를 좋아하는 사람, 김치에 묻은 양념을 털어내고 먹는 사람, 아예

김치를 먹지 않는 사람…, 이렇게 다양합니다.

다양성을 이해 못 하면 이야기 자체가 안 되는 게 이 세상에는 너무 많아요. 안타깝게도 우리가 늘 부딪히면서 겪게 되는 갈등은 다양성을 이해 못 하거나 무시하기 때문에 일어납니다. 제 글을 그런 다양성을 생각하면서 봐주시면 좋겠습니다. 이렇게 살아가는 사람도 있구나, 이렇게 생각하는 사람도 있구나, 라고요.

우리 젊은 청소년과 청년들이 많이 쓰는 '아이폰'은 스티브 잡스의 작품입니다. 스탠퍼드 대학 졸업식에서 그는 위대한 일을 할 수 있는 유일한 길은 '사랑하는 일을 찾는 것'이라 했습니다. 바로 그걸 찾겠다고 학교까지 그만둔 거 아닙니까. 아직 못 찾았다고요? 그렇다면 찾으세요. 포기하지 말고 계속 찾으세요.

　스티브 잡스가 6개월 만에 다니던 대학을 나온 건 다닐 만한 가치가 없다는 걸 깨달았기 때문입니다. 그는 흥미를 못 느끼는 필수과목 듣기를 그만두고, 훨씬 재밌어 보이는 과목을 몰래 들었습니다. 그것이 나중에 매킨토시로 이어지고 애플로 이어졌습니다. 그럼 스티브 잡스와 내가 다를까요? 전혀 다르지 않습니다. 믿음만 잃지 않으면 됩니다. 지금까지는 내가 아닌 남의 눈치를 보느라 주저했죠? 왜 내가 아닌 누군가의 삶을 살면서 시간을 낭비하나요. 자퇴는 내 일이지 남의 일이 아니거든요. 빨, 주, 노, 초, 파, 남, 보는 무지개 색깔입니다. 아름다운 무지개는 이렇게 서로 다른 색깔들로 이루어져 있습니다. 청소년들이 품은 꿈도 저마다 다릅니다.

　오늘도 학교에 가기를 머뭇거리는 청소년들이 있습니다. 내가 가는 길이 옳은가 고민하고 있습니다. 초등학교를 졸업하고 중학교와 고등학교를 거치며 대학입시를 준비하는, 다른 사람들도 다 가는 이 길 말입니다. 다들 그렇게 하니까요.

　이 책은 자퇴를 권유하거나 미화하려고 쓴 것이 아닙니다. 저는 여러분에게 자퇴하라고 권하고 싶지 않습니다. 학교를 계속 다니길 바랍니다. 한창 배워야 할 때이니 쭉 가는 것이 맞습니다. 또 상급학교에 진학해서 학문에 힘쓰기를 바랍니다.

　저는 청소년들이 자퇴 이후에 어떻게 생활하는지를 지켜보았습니다. 그런데 늘 마음에 걸리는 게 있었습니다. '부모'입니다. 결론은, 부모가 꿈을 내려놓아야 청소년들이 꿈을 꿀 수 있습니다. 어른의 눈이 아니라 청소년이 스스로 자신의 눈으로 봐야 합니다. 청소년 스스로 꾸는 꿈이 진짜 꿈입니다. 청소년이 어른의 간섭 없이 꾸는 꿈은 사치일까요, 아니면 반항일까요? 그것도 아니라면 멋모르는 객기일까요? 청소년은 어른과 대비되는 '미성년자', '아이'가 아니라 그 자체로 한 사람의 사회구성원입니다. 어리고 미성숙한 존재라고 생각하지 말고 자기 생각과 감정을 오롯이 표현하고 행동하는 인격체로 봐야 합니다.

어른들은 청소년들에게 야망을 품어라, 꿈을 가져라, 하면서도 한쪽에서는 쓸데없는 짓 하지 말고 공부만 열심히 해서 좋은 대학 나와야 좋은 회사에 취직해서 행복하게 살 수 있다고 말합니다. 정말 그럴까요?

이 책에서 그린 지민이네 가정은 보편적인 가정의 모습은 아닙니다. 자퇴한 청소년들이 겪었을 고충을 한정된 지면에서 어떻게 다 말할 수 있겠습니까. 다만, 이 가정의 모습을 통해 앞으로도 이어질 자퇴, 자퇴를 바라보는 시각이 바뀌기를 바라는 간절한 마음을 담아 제가 설정해 본 것입니다.

이 책은 자퇴에 관해 안내하는 책도 아닙니다. 그보다는 자퇴하고 난 뒤 학교 밖 청소년의 시각으로 학교 밖 청소년 지원센터를 알리고 싶었습니다.

학교 밖 청소년들이여! 학교에서 배우지 않아도 배울 곳은 어디든 있으며, 잘 살아가는 방법은 널렸으니 원하는 대로 한 번 살아보시라. 그래도 늦지 않으니.

청소년 여러분, 마음이 시키는 대로 하세요. 가슴과 직관을 따를 수 있는 용기를 가지세요. 배움이 있는 곳은 어디든 학교입니다.

여는 글

나는 내가 책임지는 거야

빨간색 꿈

주황색 꿈

노란색 꿈

초록색 꿈

파란색 꿈

남색 꿈

보라색 꿈

학교 밖 청소년 지원센터 꿈드림 소개

나는 내가 책임지는 거야

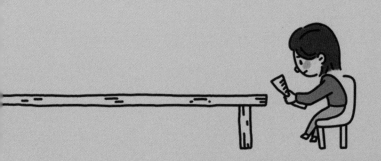

지금 내 모습 그대로

"그래, 너 하고 싶은 대로 한번 해봐."

잘못 들은 건 아닌가 생각했다. 엄마, 아빠의 말을 듣고 나는 내 방으로 뛰어 들어와 책상에 엎드려 소리 내어 울었다. 그동안 참아왔던 감정이 복받쳐 올라와 도저히 참을 수가 없었다. 그렇게 얼마나 울었을까. 뒤따라 들어온 엄마가 뒤에서 나를 살며시 안아주었다. 나는 의자에서 일어나 엄마를 안고 더 큰소리로 엉엉 울었다. 엄마도 눈물을 글썽이며 내 눈가의 눈물을 훔쳐주고 다시 한번 나를 꼭 안고 내 등을 토닥거려주었다.

학교를 자퇴하고 싶다고 부모님께 말씀드린 그 날부터 우리 집 분위기는 평소와는 달랐다. 얼마나 냉랭하던지. 이런 분위기는 처음이었다. 너무나 다정한 부모님이었는데 자퇴라는 말 한마디에 갑자기 서먹서먹하고 불편해져 버렸다.

처음부터 쉽게 내가 원하는 대로 되리라고는 기대하지 않았다. 그렇지만 실제로 겪어보니 마음을 무겁게 짓누르는 압박감이 말로 할 수 없을 정도로 컸다. 내 마음을 이해해 주지도 않고 개방적이지도 못한 엄마 아빠에 대한 실망감이 컸다. 그런데도 세상에서 나를 가장 사랑하는 부모님을 실망하게 했다는 죄책감에 큰 죄를 지은 것 같아 양심의 가책을 느꼈다.

자퇴를 허락하기 전까지 엄마 아빠는 다시 한번 생각해보자고 여러 번 말했지만 결국 하고 싶은 말은 언제나 같았다. 학교는 다녀야 한다는 것, 졸업은 해야 하고, 대학교는 나와야 한다는 것이었다. 부모님은 끝까지 참을성 있게 나를 이해시키려고 했다. 하지만 이미 자퇴하기로 한 내 고집을 꺾지는 못했다.

사실은, 내가 자퇴하겠다면서도 자퇴하는 이유조차 명확하게 말하지 못했다. 자퇴해야 할 명분을 어떻게 말로 다 설명할 수 있을까? 자퇴의 이유를 논리적으로 설명하기 어려웠다. 그러나 자퇴를 생각하기 시작해서 결국 마음을 먹기까지 어렴풋이 나의 꿈이 나를 안내하고 있다는 걸 느꼈다.

학교 다니는 것을 정상이라고 보고 자퇴를 비정상적이라고 보는 시각에서 출발하는 갈등은 쉽게 해결되지 않는다. 나 말고 다른 친구들도 이런 일을 겪을 수 있다. 엄마 아빠도 나를 위해 반대한다지만 그것은 두 분의 시각일 뿐 나는 내 삶은 내가 설계해야 한다고 생각한다. 내 삶을 꾸려나갈 사람은 엄마나 아빠가 아니라 바로 나니까.

자퇴를 처음 생각한 것은 4년 전이었다. 중학교 1학년 자유학기제 기간에 학교에서 내준 숙제를 하고 난 뒤부터 나는 줄곧 나의 미래와 진로에 대해 고민했다. 학교에서 진로 수업을 하면서 여러 가지 프로그램에 참여했는데, 늘 내 머릿속에서 떠나지 않는 단어 하나가 바로 '꿈'이었다.

나의 꿈이 무엇일지 궁금했고, 꿈과 진로에 관한 생각이 꼬리에 꼬리를 물고 이어졌다. 왜 우리는 성적에만 매달릴까? 꿈을 꾸면 안 되나? 지금 꿈을 꾸는 것은 사치인가? 다른 사람들은 어떤 꿈을 꾸고 있을까? 청소년들에게 꿈을 꿔라, 야망을 품어라, 하면서 왜 꿈 얘기만 하면 공부나 하라고 하는지 모르겠다. 나는 다른 사람들은 어떤 것에 미쳐서 자기만의 인생을 살아가는지 알고 싶었다.

공부도 좋지만 좋아하고 흥미를 느끼는 것에 미치도록 빠져보고 싶다는 생각이 머릿속에서 떠나질 않았다. 물론 시험을 칠 때나 친구들과 놀다가 잠깐 잊은 적은 있다. 하지만 이 '꿈'이란 것이 어느새 다시 스멀스멀 기어 나와 기어이 지금 우리 가족을 큰 소용돌이에 빠지게 하고 말았다. 엄마 아빠는 내 결정에 반대했고, 나는 사춘기 소녀답게 싸늘하고 거친 말과 행동으로 엄마 아빠에게 답했다. 그런 일이 여러 번 반복

된 후 가까스로 엄마 아빠는 내 결정을 받아들였다. 더는 방법이 없다고 판단했을 테니까. 이제는 자퇴라는 단어를 아무렇지도 않게 입에 담을 수 있지만, 엄마 아빠의 허락을 받기 전까지만 해도 자퇴는 불행과 절망, 고통과 연결되는 끔찍한 단어였다.

저마다 가는 길이 다르고 꾸는 꿈도 다르다. 삶의 방식이 제각각인 건 사실 너무도 당연하다. 그러니 학교에서 지식을 쌓고 친구들과 함께 생활하며 사회성을 기르는 것만이 인생의 정답이라고는 할 수 없을 것이다. 그런데도 남들이 다 가는 길에서 조금만 벗어나도 이렇게 난리가 난다. 어느 정신과 의사가 우리나라를 '방황이 허락되지 않는 사회'라고 말했다고 한다. 조금 다르게 생각하고 행동하고 말하는 것이 용납되지 않는 사회라는 말이다.

청소년이 무조건 어른이 알려주는 길로만 가야 한다면 청소년에겐 다양한 경험을 할 기회가 없을 것이고, 사회는 늘 제자리걸음할 것이다. 방황을 금기시하는 사회를 제대로 된 사회라고 볼 수는 없다. 나는 어른들이 쳐 놓은 그물망 안에 갇혀서 그물 밖으로 보이는 세상을 그저 보고만 있는 것이 싫었다. 두렵지만 그 그물을 걷어내고 밖으로 나오고 싶었다. 자퇴는 내가 처음으로 용기를 내어 나를 옥죄고 있던 그물을 걷어낸 하나의 사건이었다.

원하는 일을 하려고 일부러 험한 길이나 방황의 길에 들어선 청년들, 똑같은 색깔을 거부하고 자기만의 색깔을 가지기 위해 자기가 가진 것을 과감히 내버린 용기 있는 사람들이 있다는 걸 알게 된 후, 나는 세상을 보는 내 눈이 얼마나 부족한지를 깨달았다. 다른 사람들에게는 엉뚱하게 보일지 몰라도 조금은 다르게, 남들이 가지 않는 새로운 모험의 길에 뛰어든 것만으로도 나는 엄청 설렌다.

아직 너무 어리지 않느냐고 걱정스러운 눈으로 볼지도 모른다. 하지만 나이는 숫자에 불과하고, 남들 눈에만 그렇게 보일 뿐이다. 나에게 꿈이 있다면 다 괜찮지 않을까? 그 꿈이 나침반이 되어주고 나의 길을 밝혀줄 테니까.

지금 후회해도, 나중에 후회해도
내가 선택한 길

자퇴하기 전에 책이나 인터넷으로 많은 것을 알아봤다. 아마 다른 친구들도 마찬가지였을 것이다. 자퇴라는 말을 금기어처럼 여기는 무거운 분위기를 느꼈다. 자퇴하기로 마음먹은 순간부터 치러야 할 부담스러운 전쟁도 고려했다.

학교가 아닌 학교 밖에서의 경험을 해보고 싶었다고 대충 얼버무리고 넘어갈 수 있는 일이 아니었다. 내가 자퇴하고서도 떳떳할 수 있는 적절한 이유가 필요했다. 단순히 학교 가기 싫어서 자퇴한다는 말은 듣고 싶지 않아서 자퇴에 관한 이야기도 많이 찾아봤고, 왜 많은 사람이 검정고시를 통해 공부를 이어갔는지도 알아봤다.

재즈 피아니스트 진보라 역시 자퇴했지만, 자퇴를 권하지는 않는다고 했다. 자퇴하는 순간 스스로 책임져야 할 짐이 생겼고 친구를 사귀기도 힘들었다고. 오죽했으면 학교를 그만두고서도 교복을 입고 돌아다녔을까. 어떤 사람은 온종일 피아노를 치고 싶어서 학교를 그만두었다고 한다. 피아노 음이 떠올라 공부에 집중할 수 없을 정도였다는데 아마도 그 사람은 책을 봐도 글자가 전부 피아노 건반으로 보였을 것이다.

나는 부모님이 집을 비우고 없는 조용한 시간에 거실에 나와서 곰곰이 생각해 봤다. 중학교는 무난하게 졸업했는데 고등학교는 중간에 멈추게 되는 것이다. 함께 지낸 친구들이나 다정한 선생님들과 갈등이 있었던 것도 아닌데 말이다.

학교를 그만두고 내가 이 길을 가면 나 자신을 발견할 수 있을까? 뿌연 안개만 자욱한 상황에 당황스럽지만 내 몸이 이끌리는 길은 자꾸 이 길이었다. 떨리고 걱정된다. 이 선택은 내가 했다. 어느 길을 가도 나에게 문제 되지 않는다는 걸 확신해야 한다. 낯설지만 곧 익숙한 길이 될 것이다. 조금도 의심하지 말고 가자.

그런데 많은 친구가 자퇴한 것을 후회한다. 여성가족부나 꿈드림센터에서 자체적으로 한 실태조사 자료에 따르면 그 수가 전체 자퇴생의 30~45퍼센트나 된다고 한다.

자퇴하고 나서 친구 사귈 기회가 없거나 소속감을 느끼지 못해서, 또는 학생이 아니라는 이유로 차별대우를 받아서 등 이유는 다양하다. 그들 중에는 학교로 복학한 예도 있지만 이도 저도 아닌 상태로 지내는 친구들도 많다. 자퇴하면서 단단히 각오했어도 현실이 자기 생각과는 크게 다르다는 것을 깨닫고 한계에 부딪혔기 때문이다.

자퇴를 후회하고 원래 자리로 돌아가든, 갈팡질팡하면서도 자기가 선택한 새길을 계속 가든, 모두 잘한 결정이라고 생각한다. 시행착오를 겪지 않고 갈 수 있는 편안하기만 한 길이 어디 있을까. 지금 후회해도, 나중에 후회해도, 분명 내가 선택한 길이니 내가 선택한 것에 최선을 다하면 된다. 어느 쪽을 선택해야 후회를 덜 하게 될지는 미리 알 수 없으니까.

엄마와 아빠도 내게 하고 싶은 말이 많을 것이다. 그러나 말을 아끼고 있는 것이 분명하다. 나를 믿고 내게 모든 것을 맡겨 줬으니 자퇴 이후의 삶에 대해서는 내가 책임을 져야 한다. 실태조사에 응했던 많은 청소년이 고민했던 것들을 나도 똑같이 고민할 수 있다. 하지만 길은 가봐야 알 수 있는 것 아닌가. 가보지도 않고 두려워하거나 걱정만 하고 있을 수는 없다.

아빠가 내가 쓴 자퇴계획서를 보고 많은 지적을 했다. 자퇴하기로 마음먹으면서 쓰기 시작한 것인데 부족한 것이 많았던 모양이다. 하지만 처음 계획서를 쓰기 시작했을 때와 지금은 다르다. 당분간 자퇴계획서를 좀 더 다듬어야겠다. 앞으로 내 생활의 기준이 될 테니까. 학교라는 테두리 안에 있었다면 감히 생각하지도 못했을 일들이다. 자퇴했다고 주눅 들거나 숨어 지내거나 의기소침하지는 않을 것이다.

자퇴 후 느끼는 외로움과
무기력감

　자퇴하고 며칠이 지났다. 잠에서 깨어나 아침을 맞으면 언제나 기분이 좋지 않다. 뭔가 해야 할 것을 하지 않은 기분이 든다. 의무적으로 학교를 오가는 것보다 자유로운 지금이 훨씬 낫다고 스스로를 위로해 보지만 석연치 않다. 누구와 함께하고 있는 것이 아니라 외톨이가 된 느낌이 강하다. 학교를 벗어난 순간부터 나를 보호해주고 증명해주는 무언가가 필요하다. 내가 혼자가 아니라는 말을 들을 수 있고, 나를 보여주고도 싶은 곳, 그런 곳이 필요하다.

　아빠가 출근하고 엄마가 외출한 사이 혼자서 간단하게 늦은 아침을 차려 먹었다. 일일 계획표를 보고 하루 일정을 확인했지만 모두 귀찮았다. 다시 침대에 몸을 던지고 스마트폰을 만지작거렸다. 아, 친구들은 지금 학교에 갔지. 메시지를 주고받을 수 있는 시간이 아니었다.

누구하고도 이야기를 나눌 수 없고, 전화 통화나 문자도 주고받을 수 없다고 생각하니 혼자라는 생각이 밀려왔다.

"막상 자퇴하고 나면 생각했던 것보다 훨씬 게을러지고 그 생활이 계속되면 나태해지고 그러다가 어느 순간 막막해져. 자퇴했지만 학교 다닐 때보다 더 나아진 것도 없고 친구들보다 뒤처진다는 생각도 들고. 내가 지금 뭐 하고 있나 싶고, 한 게 뭐가 있나 하는 생각도 들고. 내가 자퇴를 선택했기 때문에 외롭기도 하고 차별받을 수도 있다는 생각이 막 들어."

먼저 자퇴한 친구가 언젠가 해준 말이다. 그 친구 말이 지금 내게 딱 들어맞는다.

서로 연락을 안 하면 멀어진다는데 친구들은 잘 있을까. 나를 기억해줄까. 핸드폰 연락처를 확인해봤다. 친구들의 이름과 전화번호는 그대로 있는데 번호를 누를 수가 없다.

'난 자퇴를 했어. 학교를 그만뒀단 말이야. 친구들은 학교에 가서 수업을 받고 있지만 나는 아니야. 학교 밖에서 여러 가지를 경험해보고 혼자서도 해결할 수 있는 능력을 기르기 위해 자퇴를 했잖아. 책에서 배우려고 했다면 학교에 남아 있었을 거야. 나는 뭐든지 해보고 부딪쳐보고 싶어서 결단한 거니까, 뭐든 경험해야 해. 이러고 있을 수는 없어.'

부모님은 내가 며칠째 이러고 있다는 걸 알까. 잘할 수 있다고 장담하면서 계획표를 고치고 또 고쳤다. 그러나 계획표의 일정과 지금 내가 사는 일상은 다르다. 나는 침대에서 뒹굴다가 까무룩 잠이 들었다. 30분 정도 지났는데 기분이 맑아졌다. 일어나서 냉장고에서 음료수를 꺼내 마셨다.

'그래, 이러고 있을 수만은 없어. 꿈드림센터에 가자. 지금 내가 혼자 할 수 있는 일이 없어. 꿈드림센터라면 당분간 내가 이렇게까지 고민 안 해도 되는 해답이 있을 거야.' 그제야 학업중단숙려제 프로그램에 참여했던 꿈드림센터가 생각났다.

학업중단숙려제를 마치고 한동안 별생각 없이 지냈던 것 같다. 누구에게 도움받을 수 있다는 생각도, 도와달라는 요청도 하지 못했다. 부모님에게도.

자퇴한 청소년들은 자퇴하기 전에는 생각지도 못했던 무기력감을 느낄 때 어떡하든 혼자 해결하려고 애쓴다. 나도 며칠째 혼자서 세운 계획대로 해보려고 했지만 벌써 지쳤다. 이럴 때 누구에게든 도움을 요청해보는 것이 좋지 않을까. 그래서 결심했다. 꿈드림센터에 가보기로.

언젠가 김수영의 〈멈추지 마, 다시 꿈부터 써 봐〉를 읽고 버킷리스트를 작성했던 기억이 났다. 73개의 꿈을 하나씩 실현해 가는 저자를 따라서 몇 가지 적어 둔 노트가 있었다.

책장 한쪽에 두었던 노트를 찾아 펼쳐봤다. 당시에 적어놨던 소박한 꿈들을 읽어보니 웃음이 났다. 한동안 쳐다보지도 않았으니 저만치 멀어져간 꿈들인 셈이다. 다시 내 꿈들을 적어보았다.

1. 검정고시 합격하기(내년 4월)
2. 혼자 제주도 여행하기(한라산 등반, 올레길 걷기)
3. 쌈박한 자격증 2개 따기
4. 체중 3킬로그램 이상 줄이기
5. 가족여행 하기(동해 바닷가)
6. 수영 4개 영법 숙달하기
7. 자유 수영 30분 이상 쉬지 않고 하기
8. 꿈드림에 등록해 열심히 다니기
9. 친구들과 자주 연락하기
10. 재미있는 소설책에 푹 빠지기
11. …
12. …

학교 밖 청소년 지원센터
꿈드림 등록

나는 조심스럽게 전화를 걸었다. 나를 상담했던 김미연 선생님이 전화를 받았다.

"선생님, 얼마 전에 학업중단숙려제 상담을 받았던 지민이에요. 송지민."

"그래, 지민아! 목소리 들으니 반갑다. 잘 지냈어?"

"네, 선생님. 한 가지 여쭤볼 게 있어서 전화 드렸어요."

"응, 물어보고 싶은 게 뭔데, 말해봐."

"저 꿈드림센터에 가고 싶어요."

"그래? 잘 생각했다. 무슨 일이든 마음에서 우러나와야 꾸준히 할 수 있어. 이제 너에게 그때가 온 것 같다. 그렇지 않아도 너한테 전화하려고 했었어. 네가 숙려제 끝나고 어떻게 지내는지 궁금하기도 했고, 너에게 딱 맞는 프로그램을 진행하려고 하는데 네가 꼭 참여했으면 해서 알려주려고 했었어."

"제가 아무 때나 가도 돼요?"

"학교처럼 학기나 학년이 정해져 있는 게 아니니까 수시로 꿈드림센터에 등록해서 다닐 수 있어. 엄마도 꿈드림센터에서 운영하는 프로그램에 아주 만족하셨던 것 같은데, 네가 결정할 때까지 기다리신 것 같아."

"맞아요. 숙려제 끝나고 엄마가 선생님하고 꿈드림센터 프로그램에 대해 상담하고 너무나 좋은 곳 같다고 말씀하셨는데, 지금까지 기다리신 것 같아요. 선생님, 오늘 부모님께 말씀드리고 내일 찾아뵐게요."

"그래, 지민아 내일 보자. 부모님께 잘 말씀드려."

나는 막혔던 가슴이 뻥 뚫린 기분이었다. 왜 진작 꿈드림센터를 생각해내지 못했던 걸까. 밀린 숙제를 끝낸 느낌이었다. 그날 저녁, 나는 부모님께 꿈드림센터에 나가겠다고 말했다. 엄마는 내 머리를 쓰다듬어주며 언젠가 내가 그 말을 할 줄 알았다는 듯이 웃었다.

다음 날 아침 일찍부터 준비했다. 학교 갈 준비를 할 때와는 좀 다른 느낌이었다. 약간의 부담감과 긴장감, 그리고 새로운 곳에 가는 설렘이 있었다.

버스가 와서 얼른 버스에 올라탔다. 교통카드를 갖다 댔다. 카드 단말기에서 '띠익' 낯선 소리가 났지만 다행히 아무도 쳐다보는 사람은 없었다. 얼른 빈 자리로 가서 앉았다.

'이런 게 학생과 자퇴생의 차이구나.' 학교에 다닐 때는 몰랐는데 이제는 밖에 나와서 움직이는 내 모습을 세상사람 모두가 쳐다보고 있는 것만 같았다. 아무도 뭐라는 사람이 없는데 괜히 내가 너무 민감한 것 같다는 생각도 들었다. 학생이 아닌 신분으로 돌아다니는 것 때문에 느끼는 부담감은 언제 해소될지 모르겠다.

꿈드림센터에 들어서자 선생님들이 모두 일어나서 반갑게 나를 맞았다. 나를 상담했던 선생님뿐만 아니라 모든 선생님이 나를 알고 있었고, 센터장님도 사무실 안쪽 센터장실에서 나오며 손을 흔들어 주었다. 모두 진심으로 나를 반가워하는 것이 느껴졌다.

나는 선생님의 안내에 따라 상담실로 갔다. 선생님은 초기 상담이라며 간단한 신상정보를 확인했다. 센터 등록을 마치고 곧 있을 프로그램을 안내받았다. 꿈드림센터를 이용하는 청소년으로 정식 인정을 받은 것이다.

"선생님, 이곳 이름이 꿈드림인데 정말 저에게 꿈을 줄 수 있을까요? 저는 아직 제 꿈을 모르겠는데 꿈을 찾을 수 있으면 좋겠어요."

"꿈드림이 네가 꿈을 꾸게 도와주는 곳은 맞아. 하지만 그 꿈이 직업으로서의 꿈은 아니야. 그 꿈은 네가 앞으로 가질 직업보다 더 큰 개념이야. 내가 무엇을 좋아하고, 무엇을 할 때 재미를 느끼고 행복해서 푹 빠질 수 있는지를 생각해 보는 거야. 함께 알아보자."

그동안 혼자 방황했던 시간이 나를 꿈드림센터로 더 강하게 이끈 것이 아닐까. 꿈드림센터를 나와 집으로 가는 길에 자주 가는 집 앞 도서관에 들렀다. 이하영의 〈열다섯 살 하영이의 스웨덴 학교 이야기〉를 읽다가 하마터면 크게 웃을 뻔했다.

"수업이 끝나면 버스 타는 아이들은 버스 정류장으로, 지하철 타는 아이들은 솔렌투나 센트룸까지 걸어간다. 집으로 가기 전에 늘 들르는 하굣길의 도서관에서는 우리 반 아이들을 많이 볼 수 있다. 방과 후 학원이나 과외 같은 것이 없어서 도서관에서 책을 읽거나 축구장에서 축구를 하는 것이 보통이기 때문이다. 여자아이들은 서로 시간 맞춰서 쇼핑을 가기도 한다.

이제는 8시 30분에 등교해서 1시 30분에 하교하는 것이 일상이 되어버렸다. 한국처럼 학교가 끝난 뒤에도 이 학원에서 저 학원으로 달리는 생활은 상상할 수도 없다. 너무 바쁘게 사는 것보다 지금처럼 조금은 여유를 가지고 사는 게 훨씬 좋다.

쾌적한 도서관이나 햇볕이 좋은 공원 잔디밭에서 한가롭게 책을 읽는 것이 얼마나 행복한 일인지 한국 친구들도 잠시 공부와 컴퓨터 게임을 잊고 경험해보라고 꼭 권하고 싶다."

〈열다섯 살 하영이의 스웨덴 학교 이야기 중에서〉

여기까지 읽고 나서 책을 덮었다. 나는 늦게나마 저자의 소리를 들은 것이다. 저자가 우려한 우리나라 청소년의 일상에서 벗어날 수 있어서 얼마나 다행인가. 꿈드림센터에 다녀오길 잘했다는 확신이 들었다.

다시, 학교 밖에서 시작하다

집에 와서 인터넷으로 학교 밖 청소년 지원센터 꿈드림을 검색했다. 앞으로 내가 다닐 곳이 어떤 곳인지는 알고 있어야 할 것 같아서 꼼꼼히 찾아봤다. 여러 가지 이유로 상급 학교에 진학하지 않은 청소년이나 공교육에 참여하지 않는 청소년들을 학교 밖 청소년이라고 한다. 나처럼 자퇴한 청소년도 학교 밖 청소년이다.

2015년에 「학교 밖 청소년 지원에 관한 법률」이 시행되면서 학교에 다니지 않는 청소년을 '학교 밖 청소년'이라고 부르기 시작했다고 한다. 그러나 청소년을 학교 안과 밖으로 구분하는 것은 문제가 있어 보인다. 다 같은 청소년인데 말이다. 내가 낮에 버스를 타면서 느꼈던 감정을 느껴보지 않은 사람은 모를 것이다. 학교에 가지 않는 친구들은 사람들이 자

나
는
내
가
책
임
지
는
거
야

신을 문제가 있다거나 불쌍한 사람으로 본다는 말을 한다. 학교 밖 청소년에 대한 사람들의 인식은 그만큼 호의적이지도, 긍정적이지도 않다.

아무 문제가 없는데 자발적으로 자퇴했건 학교나 교육, 친구, 선생님, 사회 등의 문제를 지적하면서 용기 있게 뛰쳐나왔건 결과는 마찬가지다. 그 때문에 자퇴생 중 일부는 자기 자신에게 굴레를 씌운 채로 세상을 바라본다. 자기 잘못도 아닌데 스스로 자책한다. 자퇴하기까지 여러 과정을 거치며 지나온 시간이 힘들었기 때문일 것이다.

나도 잠깐 그랬다. 그러나 자기 선택을 존중했으면 좋겠다. 자신을 응원해 주면 좋겠다. 자신이 최고로 잘한 일이 자퇴를 결심한 것이라고 추켜 세워주었으면 좋겠다. 스스로 무안해하거나 후회하지 않도록.

한국청소년정책연구원의 한 연구자료에서는 학교 밖 청소년을 학업형, 직업형, 무업형, 비행형으로 나눠 분석했다. 학업형은 검정고시나 대학입시 공부를 하거나 홈스쿨링, 또는 대안학교에 다니는 경우이고, 직업형은 직업 기술을 배우고 아르바이트를 하거나 취업하는 경우이다. 그리고 아직은 특정 목표가 없어서 아무것도 하지 않는 무업형과 보호시설이나 사법기관의 감독을 받는 비행형도 있다.

아이들은 청소년기에 학교라는 틀에서 잠시나마 벗어나고 싶을 때가 있다. 그 답답한 마음을 어른들이 시원하게 어루만

져줘야 하는데 그렇지 못한 현실이 안타깝다. 청소년은 아무 감정이나 느낌이 없는 존재가 아니다. 시키는 대로 하는 수동적인 사람도 아니다. 존중받아야 할 인격체다. 한 인격체로서 학업중단 여부를 결정한 것을 존중하고, 실제 모습을 바르게 이해해야 한다.

나는 자퇴하기 전에 홈스쿨링, 로드스쿨링, 대안학교, 아르바이트 등 자퇴생이 할 수 있는 것들을 다 알아봤다. 그런데 무엇보다 아빠 엄마가 뒷바라지해줄 때 교육받을 수 있는 기관에 잘 다니는 것이 제일 바람직하다고 생각한다.

내가 여러 가지를 고려해서 선택한 곳이 바로 꿈드림센터였다. 도움이 필요할 때 꿈드림센터를 알게 되어 정말 다행이다. '학교 밖 청소년 지원센터'라고 하는 꿈드림센터는 전국 여러 곳에서 운영되고 있다.

낮에 센터장님께 인사드렸을 때 꿈드림센터를 이렇게 소개했다.

"나는 꿈드림센터를 배움터, 놀이터, 쉼터, 꿈터라고 생각해. 학교 밖에 있지만 늘 배우려는 마음을 가지고 다양한 것을 배우는 배움터이고, 친구와 또래들과 어울리면서 자신에게 맞는 프로그램에 참여하며 즐겁게 지낼 수 있는 놀이터이자, 누구의 간섭이나 잔소리도 듣지 않고 편하게 쉴 수 있는 쉼터요, 아직은 자신이 뭘 할지도 뭘 원하는지도 모르지만 조금씩 꿈을 알아가는 꿈터이기도 하니까."

인터넷에서 여러 가지 프로그램들을 찾아보니 그 말씀이
이해가 됐다.

나처럼 학교에 가지 않는 청소년들은 혼자라는 생각에 두
려움을 느낄 때가 많다. 하지만 조금만 주위를 둘러보면 도움
을 받을 곳이 적지 않다. 자퇴계획서 못지않게 그 계획을 실
행할 수 있도록 에너지를 공급해 주는, 그런 곳 말이다.

꿈드림센터에서 진행하는 프로그램들을 살펴보다가 나는
프로그램에 참여했던 선배들의 사례와 체험 후기를 읽어보고
자극을 받았다. 아인슈타인은 '어제와 똑같이 살면서 다른 미
래를 기대하는 건 정신병 초기 증세다.'라고 말했다. 나도 이
제 어제처럼 살 것이 아니라 매일 다르게 살 준비가 됐다고
주먹을 불끈 쥐었다.

나는 내가 책임지는 거야

빨간색 꿈

길을 만들어 가는 징검다리

/ 두드림 프로그램

　나는 그렇게 꿈드림센터의 문을 두드렸고 프로그램에 참여하면서 알찬 학교 밖 생활을 해야겠다고 다짐했다. 선생님이 먼저 내게 안내해 준 것이 '두드림 프로그램'이다. 참가자 모집을 마감할 때가 됐는데 10명 내외의 소집단 프로그램이기 때문에 내가 신청하고 바로 마감됐다.

　아침 일찍부터 준비해서 늦지 않게 꿈드림센터에 도착했다. 친구들이 많이 와 있었다.

　꿈드림센터에서 하는 대표적인 프로그램이 10회기로 구성된 '두드림 프로그램'이다. 변화하는 학교 밖 세상에 적응해 나갈 수 있도록 도와주는 진로와 심리 · 정서적 지원, 자립 지원 프로그램이라고 한다. 청소년 상담 경험이 있고 두드림 프로그램 교육을 이수한 꿈드림센터 선생님들이 진행한다.

첫 시간에 선생님이 두드림 프로그램을 소개한 뒤 일정에 따라 수업을 진행했다.

"지금 나누어 주는 명찰에 이름을 적어서 왼쪽 가슴에 달아 주세요. 용지에는 자기를 소개하는 항목 1번부터 8번까지 적습니다. 추억에 남는 여행지와 나의 취미, 특기, 그리고 올해 목표 한 가지와 평생 이루고 싶은 목표를 적어 보세요."

첫 시간이라 그런지 자기 소개시간이 있었다. 그런데 쉬운 질문인데도 곧바로 답을 쓰지 못하는 나 자신을 보며 이런 간단한 것조차 생각하지 않고 살았구나, 깨닫고 놀랐다. 돌아가며 자기소개를 하는데 다들 꿈드림에 오기까지의 여정과 앞으로 자신이 바라는 것과 이루고 싶은 것을 말했다. 한 사람 한 사람의 소개를 듣고 그들의 작지만 소중한 꿈을 알 수 있었다.

우리는 이어서 테이블을 맞대어 놓고 종이컵 뒤집기 게임을 하고 '꿈드림센터' 다섯 글자로 절대음감 릴레이를 했다. 간단한 게임이었고 모두 열심히 했다. 그렇게 무언가에 집중해 본 것이 언제였는지 생각도 잘 나지 않았다.

둘째 시간에는 직업흥미검사를 토대로 자기 이해의 중요성을 알아보았다. 수업 전에 미리 개인적으로 검사를 한 뒤에 결과지를 가지고 모였다.

"이 시간에는 여러분이 자립을 준비하면서 자기를 이해하는 게 왜 중요한지 알아볼 거예요. 그리고 자기 이해의 네 가지 요소인 흥미, 적성, 성격, 가치관에 대해서도 알아보겠습니다."

선생님이 우리가 미리 해온 직업흥미검사에 대해 설명하고 다 같이 검사 결과를 보자고 했다.

"직업흥미검사는 진로심리검사 중에서 직업과 관련된 여러분의 흥미를 보는 거지 능력이나 재능을 측정하는 게 아니에요. 이 검사만으로 진로를 찾을 수는 없습니다. 앞으로 다양한 직업정보를 참고해볼 필요가 있어요."

선생님은 이어서 흥미 육각형 모형과 흥미/자신감 비교표를 설명했다. 자기를 이해하는 것은 자립 준비에 아주 중요하다. 내가 무엇을 좋아하고 어떤 일을 하고 싶고 어떤 성격의 사람인지를 이해하는 것이다. 그런데 나는 아직 나를 잘 모르겠다. 시간이 더 필요하다는 걸 절실히 느꼈다. 선생님은 다음에 MBTI 검사를 하고 각자의 성격유형을 알아볼 예정이라고 했다.

셋째 시간에는 앞서 검사하고 분석해본 직업흥미검사를 바탕으로 나에게 맞는 직업을 생각해 보았다. 다양한 직업의 세계를 알아보고, 최근에 생겨난 직종과 앞으로 유망한 직종도 알아봤다. 아직은 내 가슴을 두근거리게 하거나 딱 와 닿는 것이 없었다. 지금까지 학교 공부에만 집중했지 내가 무엇을 좋아하는지 어떤 직업들이 있는지 전혀 신경 쓰지 못했기 때문이다. 중요한 것은, 그래도 내가 자극을 받았다는 사실이었다.

넷째 시간에는 직업정보시스템 워크넷(WORKNET)에 대해 알아보고 구인·구직사이트에서 제공하는 정보를 찾는 법을 알아봤다. 자기소개서와 이력서도 작성했다. 이력서에 쓸 것이 많지 않았다. 무엇으로 빈칸을 채워야 할지 난감했다. 이어서 청소년 노동인권에 대해 알아보는 시간을 가졌다.

"여러분은 앞으로 취업을 할 수도 있고, 아르바이트를 할 수도 있습니다. 오늘 배운 청소년 아르바이트 십계명과 표준근로계약서 작성하는 법을 잘 기억해두기를 바랍니다. 여러분이 실제 현장에서 근로에 대한 정당한 대우를 요구하거나 부당한 근로를 예방하는 데 도움이 될 겁니다."

아르바이트하기 전 부당한 대우를 받지 않으려면 꼭 챙겨야 할 것이 있다는 걸 알게 되었다. 선생님은 오늘은 자세하게 다루지 못했지만 따로 근로권익 교육을 할 거라는 말을 덧붙였다.

다섯째 시간에는 직장생활을 비롯해 자립 준비 단계에서 마주치는 사람들과 관계를 원만하게 유지하기 위한 기술을 배웠다. 관계형성기술과 갈등관리기술을 통해 평소 내가 사람들과 어떻게 대화하는지를 알 수 있었다.

"선생님이 몇몇 친구를 취업시킨 적이 있었어요. 면접을 보는 분들이 하나같이 일터에서 함께하는 사람들과의 관계를 많이 강조했습니다. 동료들과의 인간관계가 기술보다 더 중요하다는 말이었어요."

그 시간에 가장 유익했던 것은 '나 전달법'이었다. 지금까지 나는 상대방의 감정은 생각하지 않고 내가 하고 싶은 말만 했던 것 같다. 그런데 이번 기회에 내가 하려던 말을 제대로 전달하면서도 상대방의 감정을 상하게 하지 않는 방법을 제대로 배웠다.

수업이 끝나고 나서 현재 나의 대인관계 능력은 어떤지를 생각해 봤다. 좋은 점도 있고 개선해야 할 점도 있었다. 나는 집에 와서 직업흥미검사 결과표를 다시 한 번 들여다봤다. 아직은 내가 뭘 해야 할지 모르겠다. 이것저것에 흥미가 있긴 한데 딱히 어느 하나에 매력이 느껴지지는 않았다.

뭘 할지 뚜렷한 계획이 없는 사람에게는 다양한 정보가 절실하다. 홈스쿨링이든, 로드스쿨링이든, 대안학교든, 아니면 아르바이트든, 자기에게 맞는 것을 찾아 학교를 떠난 나 같은 청소년들이 혼자 있으면 도움 되는 정보를 얻기 힘들다. 홀로 서기를 위해서는 주변의 도움이 절실하다. 스스로 정보를 찾을 줄도 알아야 하고, 부끄럽고 자존심이 상해도 손을 내밀 줄도 알아야 한다.

둘째 날, 어제 왔던 친구들이 한 명도 빠지지 않고 다 참석했다. 책상 배치가 학교 교실과는 달라서 참석자들이 모두 마주볼 수 있었다. 수업 분위기가 마음에 들었다. 선생님은 다양한 간식과 상품을 준비해서 우리가 수업에 적극적으로 참여하도록 이끌었다.

어제에 이어 여섯째 시간에는 경제교육을 받았다. 선생님은 생애주기별 발달과업을 설명하고 생애 설계와 재무관리 계획을 세워보자고 했다.

"각자의 재무관리 계획을 세워볼 텐데 지난 1주일간 여러분이 용돈을 어디에 썼는지와 5년 안에 이루고 싶은 목표를 적어 봐요. 그리고 그중 하나를 골라 자금 규모와 자금 마련 계획을 짜보세요."

다 쓴 뒤에는 친구들과 서로 평가해 보는 시간을 가졌고, 몇 가지 점검표를 통해 수입과 지출을 적절하게 관리하는 법도 배웠다.

일곱째 시간의 주제는 일상생활 기술이었다. 이런 수업이 있는 줄은 생각지도 못했는데 흥미로웠다. 빨래하는 법, 음식 보관하는 법, 분리수거하는 법, 무인민원발급기에서 서류 발급하는 법, 응급처치 하는 법 등을 퀴즈를 통해 배웠는데 무척 흥미로웠다.

꿈드림센터에서는 시험공부가 아닌, 살면서 필요한 것, 배워야 할 것, 내 삶을 살아내기 위해 알아야 할 것들을 가르쳐 줬다. 집이나 학교, 사회에서 학생이라고 그동안 배려 받았던 탓일까. 나는 몰라도 너무 모르는 것이 많았다.

여덟째 시간은 성교육 시간이었다. 선생님은 성(性), 하면

떠오르는 것을 적어보게 했다. 이어서 젠더 감수성, 성적 자기 결정권, 피임법 등을 설명했다. 짧은 시간에 여러 가지를 한꺼번에 하는 것이어서 전문적인 성교육이라고 할 수는 없었다. 다만 이 정도는 기본적으로 알고 있으면 좋겠다는 정도였다. 디지털 성범죄에 대해 친구들이 돌아가면서 소감을 나눈 것이 가장 인상적이었다.

아홉째 시간은 예비 부모교육 시간이었다. 부모가 되려면 준비가 필요하다는 것과 부모의 역할과 책임감 있는 성에 대해 배우는 시간이었다. '내가 부모가 된다면'이라는 질문을 받고 친구들은 부끄러워서 제대로 답하지 못했다. 아직 결혼이나 부모가 된다는 것에 대해 생각해 보지 않았기 때문일 것이다.

열째 시간에는 자립 의지 강화에 대해 배웠다. 나의 미래를 그려봤더니 내가 희망하는 것이 마치 지금 이루어진 것처럼 마음이 들떴다. 얼마 전에 작성해본 몇 가지를 떠올리며 버킷리스트를 써 내려갔다.

"버킷리스트를 작성해 본 적 있죠? 아주 거창한 것으로 할 필요는 없고, 자기가 정말 하고 싶고 좋아하는 것을 먼저 생각해 보세요. 추상적이고 막연한 희망 사항을 적는 게 아닙니다."

친구들은 버킷리스트를 적어 보는 것이 처음이 아닌지 순식간에 적어 내려갔다.

"리스트를 작성하는 SMART 기법을 알려드릴게요. SMART는 영어 다섯 단어의 앞글자를 따서 만든 용어예요. Specific은 구체적이고, Measurable은 측정할 수 있고, Achievable은 달성 가능하며, Realistic은 현실적이고, Time-bound는 시간제한을 고려해야 한다는 뜻이죠."

선생님이 돌아가면서 버킷리스트를 말해보게 하고 한 사람 한 사람 발표가 끝나면 고칠 점들을 말해 줬다. 스마트 기법에 맞춰 다시 작성해보니 그럴듯한 리스트가 되었다.

선생님은 이어서 그 꿈을 이루기 위해 꿈을 시각화하는 방법도 알려줬다. 내가 적은 리스트는 아주 사소하고 작은 것들이었다. 무심히 넘겨버리거나 조금이라도 관심을 두지 않으면 나와는 전혀 상관없는 것일 텐데. 적어 놓고 보니 하나같이 소중한 꿈이 되었다. 얼마 전에 집에서 작성했던 버킷리스트를 좀 더 구체화했다.

선생님이 10회기 과정을 잘 마무리했다고 칭찬했다. 모두 적극적이고 재미있게 잘 따라 했다고 수료증과 기념품도 받았다. 과정을 이수하고 수료증을 받고 보니 묘한 감정이 밀려왔다. 아무것도 안 하는 것보다 하는 것이 나은 것 같다. 내 꿈을 찾겠다고 했지만 어디서 어떻게 찾을 것인가. 일단은 선생님들에게 신세 좀 져야겠다. 내가 모르는 것이 많으니 선생님들이 이끌어 주시겠지.

먼저 나 자신을 알자

/ 직업흥미검사

  인터넷으로 진로 정보망 커리어넷을 연결했다. 두드림 프
로그램 2회기 '자기 이해'와 3회기 '진로탐색' 시간을 준비
하기 위해 직업흥미검사를 했다. 여기서 나온 검사 결과를 토
대로 수업을 진행하기 때문이다.

  커리어넷은 교육부의 지원으로 한국직업능력연구원에서
운영한다. 먼저 커리어넷에서 제공하는 메뉴들을 살펴봤다.
진로적성검사, 직업적성검사, 직업가치관검사 등 직업에 관
한 다양한 검사를 받아볼 수 있다. 진로 문제로 고민하는 학
생과 부모를 위해 진로상담 서비스도 제공하고, 관심 있는 직
업에 대한 정보를 확인할 수 있도록 다양한 직업정보가 테마
별, 분야별로 구성되어 있다.

  내가 진학하고 싶은 학과에 대한 정보도 확인하고, 미리 학

과 탐방도 해 볼 수 있고, 그 학과 사람들과 인터뷰도 할 수 있다. 진로에 관한 동영상과 진로교육 자료도 올라와 있다. 직업흥미검사만 하려고 했다가 진로와 직업에 대한 다양한 내용이 있어서 나도 꼼꼼하게 살펴봤다.

진로심리검사는 중고등학생용 심리검사와 대학생·일반용 심리검사로 나뉘어 제공된다. 나는 직업흥미검사 H형을 선택해서 검사했다. 중학생과 고등학생용이 나뉘어 있는데, 고등학생용은 총 문항 수가 155문항이고, 예상 소요 시간은 20분이었다.

커리어넷에 회원가입을 하고 검사하면 나중에 결과표를 재확인하거나 관리할 수 있다. 비회원으로도 검사할 수 있고 결과도 바로 확인할 수 있지만, 검사 결과를 나중에 다시 활용할 수는 없다.

나는 커리어넷 직업흥미검사를 한 뒤 결과표를 프린트했다. 검사 점수는 총 16개 직업군별로 백분위가 제시된다. 직업군에 대한 나의 흥미 정도가 점수로 나타나는데 75점 이상의 높은 점수를 받은 영역이 4개였다. 높은 흥미를 나타내는 직업군도 나오는데 내가 높은 점수를 받은 직업 분야는 3개였다. 직업명을 클릭하면 그 직업에 관한 정보도 확인할 수 있다.

인터넷을 한참 검색하다가 나는 아뿔싸, 놀라고 말았다. 두 드림 프로그램에서 자료로 쓸 검사는 워크넷 청소년 직업흥미검사였다. 워크넷은 고용노동부와 한국고용정보원이 운영하는 구인구직, 직업진로 정보를 제공하는 취업 정보 사이트다. 커리어넷과 워크넷에서도 비슷한 이름으로 직업흥미검사를 하고 있다. 검색창에 나와 있는 대로 들어가 검사를 하다 보니 이런 일이 생겼다.

나중에 안 사실이지만, 꿈드림센터에서 진로와 관련된 자기 이해를 높이기 위해 커리어넷이나 워크넷에서 제공하는 심리검사를 활용한다. 꿈드림센터에 따라 MBTI, 스트롱 검사 중 하나를 활용하기도 한다.

나는 다시 워크넷 직업흥미검사를 했다. 이 검사는 기초 흥미 분야 13개 중 총 문항 수가 185문항이다. 시간은 30분 정도 걸린다. 검사에 시간제한이 없어서 커리어넷에 있는 문항과 비교해가며 천천히 응답했다. 무료로 제공되는 이 검사는 온라인으로 하고 바로 결과지를 출력할 수 있다.

한 가지 검사만으로는 나의 흥미를 정확히 알 수 없을 것 같아서 추가로 검사를 받았다. 이 검사는 직업 성격유형에 따라 개인의 직업적 흥미를 현실형, 탐구형, 예술형, 사회형, 진취형, 관습형 등 6가지 유형으로 나눴다.

이 검사에서는 원점수와 표준점수, 두 가지 점수가 나오는데 표준점수가 50점보다 높으면 해당 유형의 흥미가 같은 연령대, 같은 성별의 학생들 평균보다 높다는 뜻이다. 점수가 높게 나오는 유형을 통해 자신이 어떤 직업 분야에 관심이 있는지, 또 내가 싫어하거나 관심 없는 분야가 어떤 것인지도 알 수 있다. 그 유형에 해당하는 내 특성이 무엇이고, 어떤 직업 활동을 선호하며, 어떤 가치를 추구하는지도 간략하게 설명해 준다.

나의 흥미 유형 두 가지는 E(진취형)와 A(예술형)다. 흥미 유형 해석을 보니 E는 외향적이고 열정적이며 지도력이 있고 활기찬 사람이며, 적극적이고 사회적이며 지도력과 언어능력이 있다고 한다. A는 상상력이 풍부하고 직관적이고 개방적이며 독창적이라고 한다. 내가 답한 검사 결과와 실제의 나를 비교해봤다.

흥미 육각형 모형은 찌그러지지 않은 정육각형에 가까웠다. 모든 유형의 흥미도가 비슷한 것이다. 사람들이 6가지 중 딱 하나에만 흥미를 보이지는 않는다. 그리고 여섯 가지에 골고루 관심을 가질 수도 있지만, 그중에서 점수가 가장 높게 나온 유형이 자신의 직업적 적성이라고 한다.

진로 전문가들은 하나의 검사에만 의존하지 말고 자신에 대해 조금 더 잘 알기 위해 흥미, 적성, 가치관, 진로 성숙 등 최소 4개 영역을 골고루 진단해서 결과를 분석해 보라고 권한다.

일하는 사람의 정당한 권리를 알자

/ 청소년 근로권익교육

　선생님은 교육을 시작하기 전에 조사자료를 먼저 소
개했다.

　"우리 지역 학교 밖 청소년의 실태조사를 한 적이 있어요.
학교를 그만둔 후 아르바이트 경험이 있는지 질문했더니 44
퍼센트나 있다고 대답했어요. 아르바이트 경험 비율도 남녀
가 비슷했어요. 가장 오랫동안 한 아르바이트는 피자, 치킨
같은 패스트푸드점의 서빙이나 카운터, 배달이 많았습니다.
아르바이트 목적은 용돈이 부족해서, 생활비를 벌기 위해서,
사회 경험을 쌓기 위해서가 많았어요."

　학교 밖 청소년들이 자퇴하면 아르바이트하는 경우가 많
다. 나도 곧장 취업해서 직장에 다니기보다는 먼저 아르바이
트를 해보고 싶다. 그런데 생각보다 많은 청소년이 아르바이

트 경험이 있다는 것에 놀랐다. 근로기준법상 만 18세 이상이면 아르바이트를 할 수 있다. 만 13세 이상 18세 미만인 사람이 아르바이트를 하려면 필요한 서류를 준비해야 한다.

"우리 지역 조사에서는 아르바이트하다가 부당한 경험을 한 청소년은 적었지만, 부당한 경험을 당했을 때 문제해결력이 부족하고 근로계약서를 작성한 비율도 낮았습니다. 그래서 여러분이 아르바이트나 취업한 다음에 노동자로서의 권리를 당당하게 누릴 수 있게 오늘 근로권익 교육을 하는 것입니다."

선생님이 청소년들이 받는 부당한 대우의 사례를 들려줬을 때는 몹시 놀랐다. 입에 담지 못할 욕설과 폭언을 하는 사례, 성희롱 발언을 하는 업주의 사례, 동작이 느리다는 이유로 때리는 직원의 사례, 밥 먹을 시간이나 쉬는 시간도 주지 않고 일을 시키는 사례, 편의점에서 주말 저녁 10시간씩 일을 시키면서도 법정 최저임금이 아니라 점장이 임의로 정한 시급을 주는 사례 등 다양했다. 또 근로계약서 미작성, 허위 구인광고, 4대 보험 미가입, 퇴직급 미지급, 부당해고 등 청소년에 대한 노동법이 지켜지지 않는 사례가 많았다.

선생님은 현장에서 청소년이라는 이유로 사용자가 근로조건을 낮춰서 일을 시키는 경우도 있으니 일하기 전에 반드시 근로계약을 체결하고 그 계약서에 따라 진행해야 한다고 강조했다.

"근로계약서에 서명했는데 여러분이 제대로 읽어보지 않았다가 나중에 부당한 내용을 발견했다면 어떻게 해야 할까요? 여러분이 계약서에 서명했다고 하더라도 무효인 근로계약이 있습니다."

강제로 저축을 하게 하는 계약이나 다음 근무자를 구해놓고 그만두라고 하는 경우, 지각하면 벌금을 물린다는 내용이 들어 있는 계약은 법 위반이 되기 때문에 효력이 없다.

선생님이 기본적으로 알아야 할 근로조건에 대해 퀴즈로 풀어준 뒤 실제 현장에서 일어난 사례와 연결해서 근로자의 권리를 설명했다.

뉴스에서 심심찮게 들리는 것 중 하나가 산업재해다. 많은 사업체에서 재해를 예방하기 위해 노력한다. 그러나 청소년들이 당한 심각한 재해 소식도 자주 들린다. 사업주가 예방 대책에 조금만 더 신경 썼어도 일어나지 않았을 일인데, 계속해서 안타까운 사고가 일어나고 있다. 선생님은 업무상 재해와 산재보험에 대해 잘못 알고 있는 것들을 자세하게 설명했다.

"청소년 근로자, 아르바이트생, 일용직 모두 산재보험에 해당해요. 사업주가 산재보험에 가입하지 않았다 하더라도 보상받을 수 있습니다."

언젠가 저녁 시간에 편의점에 갔다가 사장님이 아르바이트생을 야단치는 걸 본 적이 있다. 나는 물건을 고르면서 아르바이트생이 부당한 처우를 받고 있는지 들어보니 그것은 아니었다. 아르바이트생이 친구들과 3박 4일 동안 놀러 가느라 내일부터 4일을 쉬겠다고 한 것이었다. 사장은 갑자기 얘기하면 어떡하느냐, 미리 알려줘야 다른 사람을 구할 게 아니냐고 얘기하는 중이었다. 나는 선생님에게 그날 일을 얘기했다.

"권리도 중요하지만, 청소년 아르바이트생도 지켜야 할 예의가 있어요. 부득이 쉬어야 하는 경우나 그만둘 때는 사장님한테 미리 얘기해야 합니다. 갑자기 안 나가거나 퇴사해버리면 예의도 아니고 업체 사장에게 막대한 손해를 끼칠 수도 있거든요."

누군가의 노동 덕분에 내가 이렇게 생활할 수 있다는 것에 감사하다. 일을 시키는 사람이나 하는 사람 모두 건강하고 행복했으면 좋겠다.

"노동인권 교육을 받았더라도 실제 현장에서 느끼는 것과는 차이가 있어요. 여러분이 아르바이트하다가 부당한 대우를 받았다면 주저하지 말고 관계 기관에 연락해서 도움받기를 바랍니다."

나는 아르바이트를 한 경험이 없다. 그래서 아르바이트하다가 부당한 대우를 받은 사람의 심정을 잘 모른다. 하지만 수업 시간에 들었던 사례는 아주 심각한 수준이었다. 내가 그런 일들을 당했다면 정말 속상했을 것이다.

학교를 그만두고 다양한 경험을 하겠다고 큰소리를 쳤으니 언젠가는 나도 돈을 벌고 사회 경험을 쌓으려고 아르바이트를 하게 될 것이다. 많은 청소년이 아르바이트하는 것을 대수롭지 않게 생각한다. 그러나 현장 분위기는 생각과는 다르다고 하니 먼저 청소년 근로권익에 관해 충분히 이해해둘 필요가 있겠다.

근로권익 교육 외에도 꿈드림센터에서는 청소년에게 필요한 기초소양 교육을 하고 있다. 성폭력 예방 교육, 성교육, 인권교육, 흡연 예방 및 금연교육, 도박문제 예방교육, 인터넷·스마트폰 중독 예방 교육 등이 그것이다.

건강검진 사각지대는 없다

/ 학교 밖 청소년 건강검진

학교에 다니는 재학생은 3년마다 건강검진을 받는다. 그런데 학교를 떠나면 이런 지원을 더는 받을 수 없다고 알고 있는 사람들이 많다. 하지만 학교에 다니지 않더라도 9세 이상 18세 이하의 학교 밖 청소년이면 검진을 받아 건강 상태를 확인하고 질병을 조기에 발견할 수 있다.

만 20세 이상부터는 일반 건강검진 대상이기 때문에 학교 밖 청소년으로 지내는 시기에는 '학교 밖 청소년 건강검진'을 받을 수 있다. 만약 19세가 되었을 때 다른 국가 건강검진과 중복되지 않는다면 가능하다.

여성가족부나 지방자치단체에서 학교 밖 청소년이 건강하게 자랄 수 있도록 자발적인 건강검진을 촉구하고 있으나, 실제로는 수검 인원이 기대에 못 미친다고 한다.

2022년에 학교에서 또는 학교 밖 청소년 건강검진을 받았다면 3년 뒤인 2025년에 다시 검진을 받게 된다. 검진 신청은 연중 아무 때나 가능하다. 국민건강보험공단에서 실시하며 본인 부담은 없다.

꿈드림센터에서도 학교 밖 청소년 건강검진을 안내하고 있고, 신청을 받아 대상자를 확인한 후 국민건강보험공단에 통보한다. 그러면 공단에서 건강검진 대상임을 확인해주는 건강검진표를 해당 청소년에게 발송한다.

본인이 직접 건강검진을 신청할 수도 있고, 꿈드림센터에 신청할 수도 있다. 귀찮다거나 몰라서 놓치기 쉬운데 꿈드림센터에 문의하면 도움을 받을 수 있다.

청소년이라고 안심하고 있으면 안 된다. 건강검진 결과 고혈압, 당뇨병, 신장 질환, 이상지질혈증, C형 간염, 매독 등의 질환이 의심된다고 판정받으면 전액 무료로 확진 검사를 추가로 진행하고, 취약계층 청소년에게는 특별지원도 가능하다.

나는 고등학교 1학년 때 검진을 받아서 대상이 아니다. 그러나 나보다 한 살 적은 꿈드림센터 친구들은 대상이 되기 때문에 지정 병원에 가서 검사를 받았다. 학교 밖 청소년 중에는 건강검진 지원에 관해 모르는 청소년이 있을 수도 있다. 적극적으로 알려서 청소년들 모두 건강검진을 받을 수 있으면 좋겠다.

틀린 게 아니라 다른 거야

/ 자퇴의 이유

어느 순간 매일 꿈드림센터에 오는 것이 마치 학교에 다니는 것 같다는 생각이 들었다. 아침 일찍 일어나 준비를 하고 버스 타고 오는 것조차 만만치 않았다. 그런데도 학교와는 다르게 부담이 안 되고 마음도 편했다.

함께 수업을 듣는 친구들이 경쟁자가 아니어서 좋았다. 내 손으로 결과를 내는 과제들이 평가의 대상이 아니라는 것도 좋았다. 그저 각자 자기 실력만큼만 하면 됐다. 그런데도 늘 잘했다고 인정해 주고 격려해 주었다. 나는 꿈드림센터에 다니고부터 행복해졌다.

오전 수업을 마치면 꿈드림센터 근처 식당에 가서 점심을 먹는다. 주로 저렴하고 반찬 가짓수가 많은 뷔페식당을 이용한다. 때로는 햄버거나 중화요리, 돈가스 전문점 등 다양한 메뉴를 선택하기도 한다. 학교 밖 청소년이 꿈드림센터에서 진행하는 프로그램에 참여하면 점심도 지원한다.

점심을 먹고 나면 꿈드림센터 휴게실에 친구들이 하나둘씩 모여든다. 오후 수업 전에 잠깐 얘기를 나누며 쉬는 것이다. 휴게실 정수기 옆에는 과자와 사탕, 커피와 다양한 차가 있어서 언제든지 먹을 수 있다. 나는 점심을 먹고 왔는데도 습관적으로 과자에 손이 가곤 했다. 과자를 먹으면서 친구들과 얘기를 하고 있는데 종이컵에 물을 따르던 성희가 갑자기 물었다.

"지민이 넌 왜 자퇴했니?"

자퇴한 뒤 처음 받아보는 질문이었다. 글쎄, 뭐라고 대답해야 할까. 성희는 자기가 물었으면서 자기가 먼저 말했다.

"난 말이야, 학교 다닐 때 성격이 내성적이었어. 친구들과 잘 어울리지도 못하고 조용히 지냈어. 친구들은 그런 내가 자기들과 사귈 생각이 없는 것처럼 보았나 봐. 그래서 혼자 다니다 보니 학교를 그만두고 싶은 생각이 들더라. 친구들이 심하게 군 것도 아니고 내가 놀림을 당한 것도 아닌데 그냥 혼자 있고 싶었던 것 같아. 사람 만나는 것도 힘들고 해서 그만둔 거야."

옆에 있던 미선이가 거들었다.

"언니, 저랑 비슷하네요. 저도 선생님이나 친구랑 문제도 없고, 그렇다고 성적이 나쁜 것도 아니었는데 그냥 학교 가기 싫어서 자퇴했어요."

여러 프로그램에 참여하면서 나와는 스쳐 지나기만 했던 민석이도 말했다.

"나한테는 형이 있는데, 공부를 잘해. 나는 형보다 공부를 잘하는 편이 못 되거든. 그런데 학교 성적으로만 보면 그렇다는 말이지 공부 말고는 내가 형보다 모자라는 게 뭔지 아무리 생각해봐도 떠오르는 게 없어. 성격 좋고 운동 좋아하고 놀기 좋아하고. 하하. 그런데 집에서 부모님이 형과 나를 차별하는 게 느껴졌어. 학교에서도 마찬가지고. 선생님들이 상위권 애들만 챙기는 것 같고 나머지 애들은 그냥 들러리 같다는 생각도 들고. 내가 공부로 승부를 내지 못하면 다른 것으로라도 해보자 싶어서 자퇴했어. 아직은 그걸 찾는 중이고."

그러자 그동안 여러 가지 프로그램에 참여하면서 친해진 언니나 친구, 동생뻘 되는 친구들도 나는 끼어들 틈도 없이 덩달아 자기들이 왜 자퇴했는지 한마디씩 거들었다.

민영이가 말했다.

"너희들도 그럴 때가 있지 않니? 아침에 눈을 뜨기가 싫을 정도로 힘들 때. 어느 날부터인가 가슴이 답답하고 두근거리면서 학교 가기가 너무 싫은 거야. 학교 친구들에게 얘기하며 이겨보려고 했지만 매일 똑같은 감정이 들었어. 그래서 엄마에게 자퇴하겠다고 했는데 안 된다고, 그런 말 다시는 하지 말라고 하시더라. 그래서 오랫동안 전쟁 아닌 전쟁상태로 지

내다가 결국 들어주셨어."

살을 빼야 한다고 말은 하지만 항상 무언가를 먹고 있는 예림이가 무용담처럼 말했다.

"나도 너처럼 오래 전쟁을 치렀어. 그래서 엄마 아빠와 결판을 내야겠다고 작정하고 말씀드렸어. 자퇴하든 안 하든 그게 중요한 게 아니다, 엄마 아빠는 왜 내가 자퇴하려고 하는지 이유라도 물어봤나, 내가 하고 싶은 얘기를 왜 못 하게 하느냐, 나도 자퇴하고 싶지 않고 부모님을 실망하게 하고 싶지 않다, 하지만 무조건 자퇴는 안 된다고만 하지 말고 왜 자퇴하려는지 내 이야기도 들어 달라, 지금 이렇게 말씀드리는 것도 떨리고 큰 용기 내서 하는 거다… 이렇게 막 부모님께 말씀을 드렸어. 그런데 갑자기 말하면서 눈물이 나와서 한참 동안 막 울었지 뭐야. 그런데 내가 그렇게 얘기하고 나서 갑자기 부모님 생각이 바뀐 거야. 엄마 아빠가 조용히 내 이야기를 듣더니 자퇴를 허락해주셨어. 몇 달 동안 전쟁터였던 우리 집에 드디어 평화가 온 거지. 아직도 그때 기억이 생생해."

친구들의 마음이 얼마나 아팠을까 싶어서 내 마음이 편하지 않았다. 나는 친구들이 말하는 내내 고개를 끄덕거리면서 공감을 표시했다. 오랫동안 꿈드림센터에 다닌 은정 언니가 모든 상황을 정리해 주었다.

"얘들아, 남들이 우리를 어떻게 보든 상관없지 않니? 자퇴서 쓰고 나온 우리 모두 대단한 거야. 후회하지 마. 후회하는 사람 있으면 지구 끝까지 쫓아가서 응징할 거야. 이런 멋진 순간을 얼마나 즐길 수 있는지가 더 중요한 거야. 나는 지금, 이 순간이 가장 행복해."

그 자리에 있던 친구들이 언니 말이 끝나자마자 박수와 환호를 보냈다. 나는 친구들이 그동안 얼마나 힘들었을지 짐작할 수 있었다. 나 또한 친구들과 비슷하게 부모님과 힘겨운 줄다리기를 했던 기억이 되살아났다. 아이마다 사연 하나씩 다 가지고 있었다. 꿈드림센터에 다닐 동안 이 친구들과 함께 뭔가를 해볼 만하다는 확신이 들었다. 애들아, 고마워. 너희들이 옆에 있으니까 그냥 안심이 돼.

다양한 플렉스를 제대로 경험하자

/ 청소년중

　꿈드림센터에 가기 위해 버스를 탄다. 예전에는 버스 타는 시간이 대부분 등하교 시간이었기 때문에 별다른 생각을 하지 않았는데, 지금은 다르다. 학생들이 학교에 있는 시간이어서인지 버스를 타면 좀 어색하다.

　학생이 아니라 청소년이라고 불리게 돼서 그런지 더 그랬다. 내 나이에는 대부분 학교에 다니기 때문에 일반적으로 학생이라고 부른다. 하지만 학교에 다니지 않는 사람을 학생이라고 부를 수는 없다. 그래서 통틀어 청소년이라고 부른다.

　신분을 증명하려면 증명서가 필요한데 학생은 학생증을 꺼내지만 나는 학생이 아니지 않은가? 가지고 있는 학생증도 더는 신분 증명용으로 사용할 수 없다. 그래서 꿈드림센터 선생님에게 신분증이 필요하다고 말씀드렸더니 청소년증이라는 게 있다면서 발급 절차와 방법을 자세하게 안내해줬다.

학생이나 학교 밖 청소년의 신분을 증명할 수 있는 증명서가 바로 청소년증이다. 만 17세 이상이면 주민등록증을 발급해야 하는 것처럼 만 9세 이상 18세 이하 청소년이면 청소년증을 발급받을 수 있다.

그러나 발급 취지가 무색하게도 청소년들 사이에서는 필요하지 않은 분위기다. 학교에서는 학생증을 신분 증명이란 기능 외에도 학교별로 특색 있게 만들기 때문에 따로 청소년증이 필요하지 않을 수도 있다.

청소년증은 만 9세 이상 18세 이하 청소년이면 전국 어디서든 가까운 읍·면·동 주민센터에서 신청할 수 있다. 준비물은 사진 한 장만 있으면 된다. 주민센터에 비치된 발급신청서를 쓰면 되고, 교통카드 기능을 신청하거나 신청하지 않을 수도 있다. 나는 나중에 여러 사용처와 편의점에서 사용하려고 교통카드 기능을 선택했다.

이 청소년증을 수능시험이나 검정고시, 운전면허시험, 은행 등에서도 공적 신분증으로 사용할 수 있다. 또 교통시설, 문화시설, 여가시설 등에서 이용료를 면제받거나 할인받을 수 있다. 만 18세부터 청소년도 투표권을 행사할 수 있는데, 이때 신분증으로 제시해도 된다.

주민센터에 신청서를 접수하고 2주가량 기다렸다. 등기 비용을 내고 집에서 받을 수도 있지만, 직접 방문해서 받기로 했다. 혹시 청소년증이 발급되기 전에 신분 확인을 할 일이 생길 때를 대비해서 신청서 접수할 때 받은 '청소년증 발급 신청 확인서'를 신분증으로 활용할 수 있다.

나는 여전히 학생증과 청소년증 두 가지 신분증 체계가 청소년에게 혼돈을 주고 있다고 생각한다. 최근 들어 학생증 대신 청소년증을 발급하는 학교들이 늘어나고 있다고는 하지만 아직은 미미하다고 한다. 나는 청소년들이 넓은 영역에서 활용할 수 있도록 청소년증의 기능을 개선해 줬으면 좋겠다. 입시 위주의 교육, 스마트폰과 인터넷에서 벗어나 청소년증을 활용해 다양한 문화 활동을 할 수 있는 기회가 많아지기를 바란다.

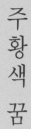

주황색 꿈

내가 만든, 단 하나뿐인 명품

/ 가죽공예

    내가 두드림 프로그램에 참여하고 있을 때 옆 강의실에서 망치로 무언가를 두드리는 소리가 났다. 가죽에 무늬를 넣고 염색을 해서 작품을 만드는 가죽공예 수업이었다. 재미있을 것 같아서 두드림 프로그램이 끝나면 한 번 해볼까 하고 선생님께 여쭤봤더니 수업을 시작한 지 얼마 안 돼서 지금부터 해도 된다고 했다.

    가죽공예 제품을 검색해보니 예쁜 것들이 많았다. 가죽공예 수업은 시중에서 사지 않고 자기가 원하는 디자인으로 다양한 제품을 만들 수 있어서 인기가 많다고 했다. 먼저 여섯 명이 하고 있었고, 두드림 프로그램을 함께 받은 친구 한 명이 같이 참여하게 돼서 나를 포함해 여덟 명이 공예 수업을 들었다. 수업은 꿈드림센터 선생님과 가죽공예 전문 강사님이 함께 진행했다.

책상에는 가죽과 염색약, 수지판, 각종 공구가 놓여 있고, 수지판에는 꽃, 동물, 나뭇잎 등 예쁜 무늬와 문자들이 도안되어 있다. 공예에 쓰이는 도구와 공구가 넉넉해서 이리저리 옮겨 다니지 않고도 자기 자리에서 작업할 수 있어서 편했다.

"가죽공예에 쓰는 가죽에는 여러 종류가 있어요. 어떤 동물의 가죽인지, 어느 부위인지에 따라 쓰임새도, 가격도 다 다릅니다. 소가죽, 양가죽, 염소가죽, 돼지가죽, 말가죽, 그리고 뱀가죽이나 악어가죽도 있어요. 우리가 쓰는 가죽은 소가죽입니다. 직접 도안하고 염색해서 완성할 거예요."

첫 시간에 만든 소품은 열쇠고리와 팔찌였다. 선생님 말씀대로 재단한 가죽에 문양을 내는 작업부터 했다.

"문양을 낼 때는 물티슈로 가죽에 물기를 묻혀주세요. 그러면 철각인으로 때려서 문양을 새길 때 더 선명하게 나와요."

다양한 무늬의 철각인 중에 마음에 드는 몇 가지를 골라 가죽 위에 대고 망치로 한두 차례 때리면 무늬가 새겨졌다.

"책상 위에 비닐 위생 장갑과 손가락 부분만 잘라 놓은 면장갑이 있어요. 염색약이 손에 묻지 않도록 위생 장갑을 먼저 끼고 그 위에 면장갑을 껴야 해요."

나는 장갑 위에 테이프를 붙여 장갑이 빠지거나 돌아가지 않도록 고정했다. 여러 가지 염색약 중에 보라색과 파란색으로 색깔을 내기로 했다. 면장갑에 염색약을 묻힌 다음 가죽 옆을 먼저 칠해주고 다시 평평한 면을 칠했다. 바깥쪽에서 안쪽으로 동전 크기로 돌리면서 칠했다.

염색이 끝나면 염색약이 묻지 않은 면장갑의 손바닥 면을 이용해 염색한 부분을 문질러 광을 내준다. 다른 친구들이 염색을 다 할 때까지 기다리면서 계속 문질러 광을 냈다. 나는 열쇠고리에 있는 두 개의 구멍에 맞춰 가죽에 구멍을 낸 다음 나사를 끼워 완성했다.

이어서 꼬인 팔찌를 만들었다. 마법의 세 줄 엮기라고도 하는데, 두꺼운 가죽끈에 두 번의 칼 선을 넣어서 위아래가 이어진 상태로 엮는 방법이다. 원하는 문양을 먼저 낸 다음 염색을 했는데, 세 줄을 제각기 다른 색으로 칠했다. 나는 두 줄은 빨간색과 검은색을 칠하고, 나머지 한 줄은 원래 가죽색을 그대로 쓰기로 했다. 가죽공예 할 때 가죽끈 엮는 방법을 알아두면 여러모로 도움이 된다. 단순히 줄을 매다는 것보다 다채로운 엮기 기법을 쓰면 다양한 디자인과 종류의 제품을 만들어낼 수 있다. 끈을 엮어서 팔찌를 만들 수도 있고, 다른 가죽 제품의 장식으로 달면 아주 멋지다.

꼬임을 촘촘하게 엮는 것과 그렇지 않은 것과는 확실히 차이가 있다. 나는 선생님의 설명대로 따라 하면서 코가 빽빽해져서 더는 엮을 수 없을 때까지 했다. 그러고는 가죽끈 양쪽에 스냅 단추를 끼워 드디어 팔찌를 완성했다.

가죽공예 자격증은 국가자격증이 아니라 민간자격증이다. 물론 자격증 없이도 뛰어난 실력으로 가죽공예 활동을 하는 사람도 많다. 그러나 자격증은 우리에게 무언가를 해냈다는 성취감을 준다. 또 자격증반에 들어가면 소속감을 느낄 수 있어서 과정을 꾸준히 이수하도록 동기부여도 할 수 있다. 취미로 할 수도 있지만, 자격증 취득에 도전하는 것만으로도 충분히 자존감이 커진다. 2급 과정과 1급 과정으로 나누어 수업하는데, 과정과 수준이 달라도 선생님의 개별적인 맞춤형 지도를 받을 수 있어서 따라가는 데는 어려움이 없다.

나는 2급 과정에서 초급, 중급, 고급과정별로 만들어야 할 가죽공예 제품을 다 만들었다. 초급과정에서는 열쇠고리와 꼬임 팔찌, 카드 지갑, 동전 지갑, 거울을 만들었다. 중급과정에서는 펜 접시, 명암지갑, 반지갑, 벨트, 필통, 머니 클립을 만들었다. 고급과정에서는 핸드폰 케이스, 다이어리, 장지갑을 만들었다.

나는 가죽공예 수업을 마치고 난 소감을 이렇게 말했다.

"가죽이라는 소재로 작품을 만들어 보는 것이 좋아요. 재단하고, 구멍을 내고, 염색하고, 바느질하는 게 재밌어요. 하나하나 주어진 과정을 거쳐야 작품이 완성된다는 점에서 성취감을 느낄 수 있어서 좋았습니다. 누구나 다 좋아할 수 있을 것 같아요."

공장에서 만들어져 나온 것이 아니라 내가 만든, 세상에 단

하나뿐인 작품들이었다. 많은 작품을 내가 만들었다는 성취감에 뿌듯했다.

"이건 이 세상에 하나뿐인 수제품이야. 잘 관리하면 20년도 넘게 쓸 수 있어. 오래되면 오래될수록 빈티지 느낌이 나는 멋진 나만의 물건이 될 거거든."

수업을 함께 받은 유진이가 지갑을 들어 보이면서 말했다. 유진이는 유난히 손재주가 좋았고 디자인 감각이 뛰어났다. 나는 엄마에게는 카드 지갑을, 아빠에게는 벨트를 만들어 선물했다. 모든 작품을 다 만든 뒤 제품 사진을 담아 포트폴리오를 만들어 제출했고, 무난히 2급 자격증을 땄다.

몰입하는 즐거움

/ 나무공예

　가죽공예를 마치고 또 다른 공예 수업인 나무공예에 참여했다. 나무공예반 모집 공고문에 제품 사진들이 있었는데 내가 너무 가지고 싶었던 것들이어서 이것저것 따질 이유가 없었다. 나무공예 프로그램은 5회기로 구성되어 우리 지역 목공체험장에서 진행된다. 지역 초·중·고등학생 등을 대상으로 하는 청소년 프로그램과 가족 단위 주말 프로그램 등 다양한 과정이 마련되어 있다.

　공예 수업에서는 단계별로 가구를 제작하는데, 우리가 들어간 과정은 거의 초급과 중급 수준이었다. 직접 나무를 자르고 디자인하는 건 아니고 그 제품에 맞게 구성된 나무 재료로 간단한 작업으로 완성하면 된다. 성인 프로그램에서는 이 모든 공정을 직접 다 한다. 선생님이 먼저 나무공예에 쓰이는

주황색 꿈

나무를 소개했다.

"나무공예에 쓰이는 나무는 아주 다양합니다. 나무를 베서 실제로 쓰기까지는 오래 기다려야 합니다. 일 년에서 오 년, 또는 그 이상의 기간을 말리고 숙성시켜야 쓸 수 있거든요. 나무공예를 전문으로 하는 사람들은 자기가 만들려는 제품이 무엇인지에 따라 적합한 나무를 골라 씁니다. 하지만 우리는 목공 체험을 하는 것이라서 체험용으로 제작된 나무를 쓸 겁니다."

제품을 만들 때 사용하는 나무는 다양하다. 가구의 쓰임새에 따라 목재도 달라진다. 우리나라 나무는 구하기 힘들어서 비싸고, 함부로 벌목할 수도 없어서 보통은 수입 목재를 쓴다. 선생님이 나무공예에 쓰이는 여러 가지 공구를 소개했는데, 특히 쇠못을 쓰지 않고도 나무와 나무를 서로 연결할 수 있다는 것이 신기했다.

"다들 못이나 나사못을 본 적이 있죠? 오래전에는 못이 귀해서 대나무를 꽂아 못으로 썼어요. 나무못을 쓰거나 짜 맞춤식으로 연결했죠. 그러다가 한참 동안 못을 써서 가구를 만들었는데, 최근 들어 다시 못을 쓰지 않는 짜임 기술이 발전해서 가구가 더 아름답게 보이게 됐지요."

첫 시간에는 간단하게 소품들을 연결해서 완성하는 부엉이 펜던트를 만들었고, 핸드폰 거치대도 만들었다.

"여러분들이 나무를 다루는 기술을 몰랐을 뿐이지 교육을 받으면 누구나 나무로 원하는 제품을 만들 수 있습니다."

동그란 시계 판에 시침, 분침, 초침을 넣고 건전지 틀을 붙였다. 나는 부엉이 눈의 테두리를 검은색 물감으로 칠했는데 다른 친구들은 저마다 화려한 색을 칠했다. 다들 말없이 한참 동안 부엉이 시계 만드는 데 열중했다. 나무공예의 좋은 점이 바로 이런 몰입과 집중이 아닐까. 스트레스에서 벗어나 정서적인 쉼을 가질 수도 있고, 성취감과 자신감을 심어주는 데도 좋은 시간이었다.

건전지를 끼우고 침이 움직이자 모두 소리를 지르며 손뼉을 쳤다. 선생님이 우리가 만든 물건 하나하나를 보고 잘된 점을 알려줬다. 쉬는 시간에는 체험장에 전시된 작품들을 구경했다. 아주 간단한 것에서 복잡한 것까지 다양했는데, 우리가 만든 작품들과는 비교할 수 없을 정도로 수준이 높았다. 한쪽에 쌓여 있는 목재에 옹이가 한두 개씩 보였다.

"원목에 있는 옹이가 보이죠? 나무줄기에 뻗어 있던 가지의 흔적이자 나무의 상처이기도 해요. 나무에 새겨진 세월의 흔적에는 우리가 인위적으로 흉내 낼 수 없는 멋이 있어요. 나무가 우리에게 주는 아름다움이죠. 그러나 옹이 때문에 목재가 갈라지거나 뒤틀리는 현상이 나타나기도 해서 목재의 품질을 떨어뜨리는 요인이 되기도 합니다."

목재에 나 있는 옹이를 보니 정말 옹이 주변에 갈라진 곳이 있었다.

"하지만 장식용 목재에서는 옹이의 느낌을 오히려 강조할 수도 있어요. 옹이를 어떻게 생각하느냐에 따라 다르게 볼 수 있는 거예요. 이렇게 상처가 상처로만 남지는 않아요. 그 상처를 아름답게 승화시킬 수 있다면 말이죠."

3회기부터 약간 높은 수준의 책장과 책꽂이 같은 생활소품을 만들었다. 마지막 시간에는 실생활에 직접 필요한 원목 탁자를 만들었다. 보기로 보여준 탁자를 만져보니 촉감이 좋았다. 복잡한 과정을 거쳐야만 만들 수 있을 것 같아서 부담감을 느꼈는데 가르쳐 준 대로 따라 하면서 나도 무난히 완성할 수 있었다. 탁자를 다 만들 때까지 못을 전혀 쓰지 않고 나무못만 사용했다.

나무공예를 하면서 함께 꿈드림센터를 이용하는 친구들과 더 가까워진 느낌이었다. 나무공예가 많은 사람과 어울릴 기회를 준 것이다. 나무공예는 실생활에 필요한 제품들을 만들어내기 때문에 생각과 기술과 능력을 공유할 수 있는 좋은 작업이라는 것을 깨달았다.

우리가 만드는 작품의 재료는 나무공예를 위해 맞춤형으로 나온 것이라서 어렵지 않게 짜 맞출 수 있었다. 작품을 도안하고 여러 가지 도구를 다룰 수만 있다면 내가 원하는 작품을 어렵지 않게 만들 수 있다. 취미 생활로 하는 것도 좋고, 취미를 넘어 공방을 차리는 창업으로 이어지는 것도 좋을 것 같다.

나는 아주 간단하고 작은 것이라도 내가 지금 최선을 다해 집중할 수 있어서 행복하다. 자연에서 오랜 세월을 견뎌내 쓰임새 있는 거목으로 자란 나무처럼 나도 이 시기를 잘 버텨내 내가 원하는 모양으로 자랄 것이다.

아이디어를 현실로 만들어주는
메이커스 교육

/ 3D 프린팅

나는 가죽공예와 나무공예를 하면서 자신감을 얻었다. 혼자보다는 꿈드림센터 친구들이 함께하니까 외롭다는 생각도 들지 않았다. 처음 접해 본 프로그램들이었지만 무난히 따라할 수 있는 수준이었다. 이런 것들이 하나둘 모여 나의 시간을 알차게 채워 준다는 생각에 흐뭇했다.

꿈드림센터에서는 지역의 여러 기관이나 단체들과 협의해 다양한 체험 프로그램을 운영한다. 프로그램을 진행할 때는 꿈드림센터에 등록한 청소년들에게 알려 참가자를 모집했다. 참여를 원하는 사람은 누구나 신청할 수 있다.

동시에 여러 프로그램을 진행할 수도 있다. 게시판에 공지한 3D 프린팅 교육은 일주일에 한 번 메이커스 교육장에서 진행하는 프로그램으로, 매주 금요일 3시간씩 3개월 과정이다. 다른 프로그램에 참여하고 있어도 개인적인 일정만 맞는다면 참여할 수 있는데, 하다 보면 자신의 적성과 흥미가 무엇인지도 알 수 있다. 우연히 참여한 프로그램에서 쌓은 실력과 경험이 직업으로 연결된 선배도 있다고 한다.

꿈드림센터의 자립기술훈련의 하나인 메이커스 교육은 센터와 업무협약을 맺은 메이커스 창작소에서 한다. 선생님은 처음 방문한 우리에게 1층과 2층을 다니며 각 교육장과 운영되는 프로그램, 그곳에 비치한 장비의 용도를 설명해 주었다. 곳곳에 수강생들이 만든 전시품이 보였다. 간단한 제품부터 몇 달은 걸렸을 것 같은 고난도의 작품도 있었다.

시설을 둘러본 뒤 선생님이 3D 프린팅 수업을 어떻게 진행하는지 안내했다. 제품을 설계하고 직접 프린팅하는 작업과 3D 펜으로 글씨와 조형물을 출력하는 과정을 소개했다. 선생님의 말을 들으면서 주위에 놓인 실물들을 둘러보니 벌써 기대감이 부풀었다. 짧은 시간에 많은 것을 배울 수는 없지만, 이 프로그램에 참여하는 것만으로도 만족했다. 선생님은 TADA 프로그램 사용법 안내로 수업을 시작했다.

"TADA는 큐브나 레고 형태의 블록을 쌓거나 붙여서 3D 디자인을 할 수 있는 모델링 프로그램입니다. 여러분들이 게임을 해봤다면 그리 어렵지 않을 거예요. 조작 방법이 간단하고 프로그램이 게임 형태로 되어 있어서 3D가 처음인 사람도 재미있게 배울 수 있습니다."

3D 프린팅을 하기 위해서는 모델링 프로그램을 배워야 한다. 선생님이 프로그램 몇 가지를 보여줬다. 모두 모델링 프로그램으로 잘 알려진 것들인데 복잡해 보였다. 그나마 쉽다고 알려진 프로그램조차 나에겐 어려웠다. 반면에 TADA는 게임처럼 쉽게 배울 수 있어서 좋았다. 누구나 쉽게 배워서 실제로 사용할 수 있도록 만들어졌다는 생각이 들었다.

　나는 간단한 설계를 바탕으로 3D 모델링을 만들고 이 데이터로 모형까지 제작하는 과정에 직접 참여했다. 후가공을 위해 모형에 붙어 있던 지지대를 제거하고 공구로 표면을 깔끔하고 부드럽게 갈아 완성했다. 빨간색 피규어를 보면서 내가 직접 만든 나의 창작품이라는 생각에 기뻤다. 나는 무언가를 손으로 만드는 것이 좋다. 설계나 디자인, 제작에 소질이 있거나 관심이 있는 친구들에게 적극적으로 추천하고 싶다.

　3D 펜을 이용해 제품을 만들었다. 선생님이 보여준 3D 프린팅 제품들은 신기하고 놀라웠다. 벽에는 3D 펜으로 제작한 글씨 액자가 걸려 있었다. 내가 입력한 설계도면대로 3차원 입체 물건을 찍어 낸다는 것은 놀라운 경험이었다. 미래의 핵심기술이 될 3D프린터는 우리가 상상하는 만큼 현실로 실현되고 있다. 자신이 원하는 모양을 직접 설계하고 입체도형을 만들어서 결과물을 출력하는 것은, 이제 흔히 볼 수 있는 장면이 됐다.

　"4차 산업혁명 시대를 살아갈 여러분들이 배워두면 도움이 됩니다. 이런 체험의 기회를 가질 수 있어서 다행이라고 생각하고 다른 친구들도 경험해보면 좋겠습니다."

선생님은 3D 펜을 만지작거리며 계속 설명했다.

"3D 펜을 이용해 간단한 제품을 만들어 볼까요? 요즘은 많은 사람이 인테리어나 장식품을 만드는 데 활용합니다. 시중에 다양한 펜이 나와 있는데 사용법은 비슷합니다. 케이블에 연결한 3D 펜과 3가지 색깔의 필라멘트가 여러분 앞에 있습니다. 펜 앞에 있는 노즐은 뜨거우니 조심하세요."

선생님은 펜 사용법을 자세하게 설명했다. 그리고 A4용지에 그린 도안을 나눠줬다. 도안은 직접 그리기도 하고 인터넷에서 무료로 공유하는 것을 프린트해서 써도 된다. 펜 노즐에서 필라멘트가 녹으면서 선이 그려졌다. 그러나 내가 원하는 대로 선이 그려지지 않았다. 쉬운 것 같으면서도 아직 손에 익지 않아서인지 내가 펜으로 쓴 글씨는 보기 민망할 정도였다.

펜이 익숙해져서 어느 정도 능숙하게 다룰 수 있게 됐을 때 헬리콥터와 호루라기를 만들었다. 작품 하나를 만드는 데도 꽤 시간이 걸렸다. 다른 친구들은 남는 시간에 간단하게 꽃이나 액세서리를 만드는 연습을 했다.

이처럼 3D 프린팅 프로그램을 통해 자신의 아이디어를 상품으로 만들 수 있다. 이제는 공유 공간을 이용해 누구나 적극적으로 메이커가 될 수 있는 시대다. 이런 과정에 함께 참여할 수 있어서 뜻깊었다. 3개월의 짧은 기간이었지만 낯선 장비들에 익숙해지려고 노력했고 용어들도 익혔다. 선생님은 마지막 날 우리와 함께했던 소감과 앞으로의 기대를 말했다.

"짧은 시간에 여러분이 경험한 건 일부에 지나지 않아요. 지금은 일반 대중에게 디지털 기술 기반 제조 기기들을 무료로 개방해 자유롭게 작업할 수 있는 공간들이 많아졌습니다. 메이커 스페이스라고 하죠. 여러분이 경험했던 3D를 바탕으로 앞으로는 다양한 공간을 활용해 여러분이 구상한 아이디어를 현실로 옮겨보세요. 그동안 지켜보면서 저는 여러분에게 충분한 가능성이 있다는 것을 발견했습니다."

내 손으로 빚은 예술

/ 도자기공예

　꿈드림센터에서 교육받고 활동하면서 한 가지 바람이 생겼다. 내가 사는 지역 곳곳이 배움터면 좋겠다는 것이다. 학교의 획일화된 교육에만 맡기지 않고 지역 안에서 다양한 분야의 전문가와 함께 살아 있는 교육을 경험하고 싶다. 꿈드림센터가 어느 정도는 그런 곳과 연결되어 그 역할을 하고 있다고 생각한다.

　개인의 성장과 함께 다양성과 창의성을 존중해주기 위해 마련한 프로그램 중에 도예 체험이 있다. 우리 지역 학교 밖 청소년들에게 관심이 많은 한 도예원 원장님은 우리가 원하면 체험을 해볼 수 있도록 지원을 아끼지 않는다. 나는 참여자 모집 공고문을 보고 다른 프로그램과 일정도 겹치지 않고 꿈드림센터와도 가까운 데다 내 손으로 도자기를 만들어 보고 싶어서 주저하지 않고 지원했다.

우리가 도예 체험을 하러 간 날은 오전에 한 유치원에서 먼저 다녀갔다고 한다. 도자기를 만들었다기보다는 흙 놀이를 했을 것이다. 뭘 만들고 싶었는지 알 수 없는 형상들이 한쪽에 진열되어 있었는데, 그 옆에 있는 머그잔에는 동물이나 꽃, 사람 얼굴이 알록달록 예쁘게도 그려져 있었다.

도예원 원장님과 보조강사가 수업을 진행하는데, 원장님이 먼저 도예 체험장에 있는 시설과 도구들을 안내했다. 흙을 반죽하는 토련기와 물레, 곰방대, 물가죽, 도개, 근개 등 이름도 신기한 도구들의 쓰임새에 대해 들었다. 가마실에는 많은 도자를 한꺼번에 구울 수 있는 커다란 전기가마가 자리를 차지하고 있었다.

시설을 돌아보고 나서 작업대에 자리를 잡고 앉아 흙을 퍼 와서 반죽해 하나의 아름다운 도자기가 나오기까지의 과정에 대한 설명을 들었다. 언젠가 영화에서 봤던, 도자기를 빚어 가마에 넣고 불을 지피는 장면이 떠올랐다.

"오늘 여러분들이 하게 될 체험은 두 가지입니다. 직접 물레를 돌리며 도자기를 만드는 체험과 초벌 도자기에 도자기 전용 물감으로 그림을 그려 완성하는 체험이에요. A조와 B조로 나눌게요. 이쪽 줄에 앉아 있는 사람들은 옆에 걸려 있는 앞치마를 입고 물레체험실로 이동해주세요."

먼저 물레 앞에 앉아 원장님에게 사용법에 대한 설명을

들었다. 원장님의 손길이 닿자 돌아가는 물레 위에 올려진 점토가 그릇으로 변해갔다. 빙글빙글 돌아가는 물레에 맞춰 흙에 손을 대자 모양이 빚어졌다. 오래 걸리지 않아 금방 도자기가 만들어지는 시연을 보니 나도 쉽게 만들 수 있을 것 같았다.

물레를 하나씩 잡고 앉아 모두 도예가가 된 것처럼 점토를 물레 위에 얹었다. 흙을 탁탁 쳐서 다져주고, 물레가 돌아가면 물을 묻혀가면서 위로 당기거나 아래로 눌러서 원하는 길이로 만들었다.

호리병처럼 곡선 모양의 도자기는 어려워서 나는 그릇을 만들었다. 어느 정도 모양이 나왔을 때 원장님이 마무리를 도와주셨다. 그릇 모양이 완성되자 실로 물레의 점토 덩어리에서 그릇을 떼어냈다. 원장님이 잠깐 손을 댔을 뿐인데 완벽한 그릇 모양이 나왔다. 그래도 내가 직접 공을 들였으니 내 작품이라고 인정했다. 한 친구는 영화 〈사랑과 영혼〉의 한 장면을 흉내 내며 노래를 불렀다. 그 친구의 익살스러운 장난에 모두가 웃었다.

A조 친구들이 자신이 완성한 작품을 나무판에 올려서 한쪽에 진열했다. 다양한 모양의 그릇이 나왔다. 찌그러진 모양도 있었는데 오히려 그게 더 예술품처럼 보였다. 한 친구는 끝처리가 제대로 안 된 것을 일부러 포인트를 준 거라며 너스레를 떨었다.

두 번째 시간에는 A조와 B조가 자리를 바꿨다. 우리 조는 초벌구이 상태인 머그잔과 접시 중 하나를 선택해 그림을 그려 넣었다. 유치원생들이 선택한 그림의 주제와 다르지 않다는 것에 놀랐다. 꽃과 과일을 그리고, 자기 반려동물을 그리고, 예쁜 기하무늬를 그렸다. 선물하고 싶은 사람에게 하고 싶은 말을 적은 친구도 있었다. 채색도 결코 만만한 과정은 아니었다. 조심스럽게 그림을 완성하고 이름을 적었다. 완성한 작품은 여러 개를 모아서 한꺼번에 구워 내야 해서 시간이 지난 뒤에야 받아볼 수 있다고 했다.

여행하다 보면 도예 체험하는 곳이 있다. 예약해야 하는 곳이 있는가 하면 바로 간단한 체험을 할 수 있는 곳도 있다. 전에는 그런 곳을 무심히 지나쳤는데 내가 직접 도자기를 만들었다는 생각에 자부심을 느꼈다. 이름을 불러 주기 전에는 하나의 몸짓에 지나지 않았던 것이 이름을 불러 주는 순간 의미 있는 관계가 되는 것처럼, 내가 관심을 기울일 때 놀라운 변화가 생긴다는 것을 알게 되었다.

다 쓸모가 있어요

/ ITQ 자격증

꿈드림 프로그램을 일찍 끝내고 혜지 언니와 함께 블로그에서 자주 소개되는 근처 유명 카페에 갔다. 거기서 많은 이야기를 나눴다. 언니는 자신의 처음 모습이 지금 같지는 않았다고 말했다. 작년에 꿈드림센터에 왔을 때는 그야말로 최악이었는데 지금은 많이 달라졌다는 것이다.

뭐가 언니를 달라지게 했는지는 한참 이야기를 나눈 뒤에야 알 수 있었다. 부모님과 자퇴 문제로 시작된 불행은 멈출 줄 모르고 가족과 친지, 이웃, 그리고 모르는 사람 사이에서까지 계속됐다. 그러던 것이 꿈드림센터에 나온 뒤부터 조금씩 바뀌기 시작했다.

내가 꿈드림센터에 처음 온 날, 혜지 언니와 휴게실에서 마주쳤던 기억이 났다. 언니는 말없이 웃어주는 것으로 인사를 대신했지만 새로운 곳에 와서 긴장한 나에게는 위로가 됐다. 언니는 앞으로도 열심히 하자며 힘든 일이 있으면 언제든지 자기한테 말해 달라고 했다. 나는 언니에게 고맙다고, 앞으로도 친하게 지내자고 말했다.

집에 돌아오니 아빠와 엄마가 막 저녁 식사를 마치고 꿈드림센터에서 가져온 홍보자료를 보고 계셨다. 아빠는 내가 참여하는 프로그램에 많은 관심을 보였다. 나는 새롭게 경험한 것과 알게 된 친구들 이야기, 그리고 오늘 혜지 언니와 만난 이야기를 했다.

엄마가 몇 달 뒤에 있는 정기시험을 대비한 ITQ 자격증 과정에 관해 물었다. 아빠와 엄마는 결혼하기 전에 워드프로세서와 컴퓨터활용능력 자격증을 땄다고 한다. 당시에는 정보화 자격증에 관심이 많았고 당연히 따둬야 하는 자격증이었고 공무원 시험이나 기업 입사 시험에서도 가산점을 주기 때문에 준비하는 사람이 많았다고 했다. 부모님은 이 자격시험을 준비하느라 한글, 엑셀을 기본적으로 익혀두어서 지금도 컴퓨터로 하는 문서작업을 어려워하지 않는다.

그러나 요즘 나나 내 또래 친구들은 컴퓨터를 활용해 문서를 만들고 편집하는 능력이 부족하다. 인터넷과 스마트폰은 잘 사용하지만 대부분 정보 검색과 SNS에 짧은 문장을 올리는 정도의 글쓰기만 하고 있기 때문이다.

ITQ 교육을 통한 SW 기초역량 강화 프로그램에 10명이 등록했다. 매주 3회, 3시간씩 2개월간 한글과 파워포인트, 엑셀 교육을 받고 나도 시험을 보기로 했다.

이 교육은 꿈드림과 업무협약을 맺은 한 기업이 청소년의 정보화 능력 향상을 위한 프로젝트를 진행하면서 무료로 지원해줬다. ITQ 과정을 담당하는 꿈드림센터 선생님이 교육 대상자를 확정하면서 수강생들을 격려했다.

"정보화 시대에는 현장 실무 위주의 정보화 기술자격을 갖춰야 합니다. 정보기술 능력과 정보기술 활용 능력을 객관적으로 평가하는 시험이 바로 ITQ 자격시험이기 때문에 좋은 등급을 받을 수 있도록 열심히 하세요."

이 자격증은 필기시험이 없고 실기시험으로만 평가한다.

"문제는 실질적으로 업무에 필요한 실무 중심 작업형 문제가 나와요. ITQ 정보기술자격 종목 3과목까지 응시 가능합니다. 우리는 한글, 엑셀, 파워포인트로 준비할 거예요. 여러분이 받는 점수에 따라 500점 만점에 A, B, C등급으로 나눠 자격을 줍니다. 이번에 낮은 등급을 받았다면 다음번 시험에 응시해 높은 등급을 받으면 등급을 업그레이드할 수 있어요."

15시간에 걸쳐 배운 한글 시간에 그림 그리기, 표와 차트 작성하기, 수식 편집기 사용하기, 스타일 기능 사용하기 등을 배웠다. 모의고사 실기 문제는 풀기 어렵지 않았다. 꿈드림센터 사무실에서 선생님들이 문서작업 하는 걸 본 적이 있다. 이제 그 정도는 나도 할 수 있을 것 같다.

엑셀 시간에는 표 작성하기, 함수 사용하기, 필터 및 서식 작성하기, 부분합과 피벗 테이블 기능 사용하기, 기본 데이터를 차트로 표현하기 등을 배웠다. 문서를 좀 더 효율적으로 관리하기 위해서는 엑셀이 필요하다. 행과 열, 시트로 관리해서 데이터를 정리하고 자동화할 수 있었다. 내가 가장 흥미를 느낀 부분은 함수였다. 함수를 적용해서 데이터를 효과적으로 정리할 수 있는 것을 보고, 엑셀을 배우는 맛을 알았다.

마지막 과정으로 배운 파워포인트는 매력적이었다. 직접 슬라이드를 만들어 가며 답안을 작성하는 재미가 있었다. 표지 디자인, 목차 슬라이드, 텍스트 편집, 표 슬라이드, 차트 슬라이드, 도형 슬라이드 등을 작성했다.

선생님은 짧은 시간이었지만 출제기준에 맞는 내용으로 따라 하기 쉽게 수업했다. 한 과목이 끝날 때마다 모의고사 문제를 풀었다. 우리는 바로 결과를 확인하고 부족한 부분을 보충했다. ITQ 교육을 받는 친구들은 선생님의 수업을 잘 따랐고, 컴퓨터를 다루는 것도 어려워하지 않았다.

토요일에 정기시험을 치러 시험장에 갔다. 시험은 한 과목당 60분으로 3시간 동안 시험을 쳤다. 나중에 성적을 확인해 보니 10명 모두 400점 이상의 좋은 점수로 A등급을 받았다. 또 하나의 자격을 따게 돼서 기뻤다.

주
황
색
꿈

95

노란색 꿈

몸과 마음을 조화롭게

/ 요가

　나를 포함해서 자퇴한 청소년들은 사회성이 부족해질까 봐 늘 염려하곤 한다. 대부분 혼자 지내면서 사람들을 자주 만나지 않기 때문이다. 꿈드림센터에서는 집단활동에 자발적으로 참여해 자기표현의 기회를 가질 수 있도록 다양한 동아리 활동이 이루어지고 있다. 이때 자신의 숨겨진 재능과 끼를 발견하기도 하고 함께 참여하는 친구들 사이의 친목을 통해 밝은 성격으로 변화하는 데 도움이 된다.

　여성가족부에서는 청소년들이 다양한 활동을 통해 성장하고 재능을 발견하도록 동아리 활동을 지원하고 있다. 학생들은 학교에 다니느라 잘 모르기도 하고, 방법을 몰라 어려워하는 경우가 많다. 여성가족부 동아리 활동 운영지침에 따라 아주 다양하게 편성되어 있어서 자신이 흥미 있는 분야에 친구들과 함께 참여하면 공부에 지친 몸과 마음에 활력도 얻을 수 있고 스트레스도 말끔히 해소할 수 있다.

예전에는 몰라서 참여하지 못했던 요가, 레진 아트, 복싱, 칼림바 연주 등을 꿈드림센터 동아리 활동으로 해볼 수 있다. 그 밖에 사진동아리, 통기타동아리, 영상동아리, 독서동아리, 미니어처 공예도 있다. 청소년들의 요구에 따라, 상황에 따라 종목이 바뀌기도 한다. 동아리마다 나름대로 재미와 흥미가 있다.

학교를 그만둔 자퇴생에게는 자기관리가 중요하다. 생활 관리는 물론이고 정신 건강과 몸 관리도 그렇다. 자퇴하기 전에도 짐작은 했지만, 몸과 마음이 따라 주지 않아 자포자기 상태가 되거나 무기력해질 때가 있다. 나는 여러 프로그램에 참여하면서 여러 면에서 안정을 찾았다. 마음이 흐트러지지 않도록 노력한 덕분이다.

나는 요가를 해보지 않았지만 유연한 자세가 찍힌 사진을 보면서 요가가 좋은 운동이라고 생각해왔다. 사진을 보면 다이어트나 체력관리를 위해 자연스럽게 관심을 두게 된다. 요가를 하면 누구나 그렇게 몸도 만들고 자세도 만들 수 있을까?

요가 프로그램에는 꿈드림 친구 7명이 함께 주 2회 3개월 과정으로 참여한다. 요가원은 우리 꿈드림센터에서 멀지 않은 곳에 있는데 필라테스와 요가를 같이 하는 곳이다. 첫 수업을 하는 날 우리는 선생님의 안내에 따라 요가 매트를 한 장씩 가지고 자리를 잡고 앉았다.

"몸과 마음은 하나이기 때문에 어느 하나를 더 강조할 수는 없어요. 요가를 통해 몸을 단련시키면 마음이 하는 소리를 들을 수 있어서 몸과 마음의 균형을 맞출 수 있습니다."

요가 선생님은 요가가 무엇인지, 왜 하는지 등 앞으로 이어질 수업 내용을 설명한 뒤 호흡법과 기본 동작을 가르쳐 주었다.

"이 시간은 여러분을 위해 특별히 마련한 시간이에요. 여러분의 시간이 끝나면 오후반 학생들이 오는데, 몇 년 동안 해 와서 아주 유연한 자세가 나옵니다. 여러분은 처음이라 기본적인 것부터 시작할 거예요. 몸을 이렇게 움직여 보세요."

선생님이 말하는 대로 자세를 잡아 봤는데 잘 안 됐다. 균형 감각이 없어서 쉽게 자세가 무너졌다. 몸의 균형을 맞추고 자세 교정까지 할 수 있는 수업이라서 기대했는데 몸 따로 마음 따로였다. 요가 자세 하나하나가 쉽지 않았다.

"여러분 같은 청소년기에는 뼈가 자라고 근육이 늘고 있어서 제대로 관리를 해줘야 생리적 효과와 체형 면에서의 아름다움을 모두 얻을 수 있어요. 그래야 건강하고 바르게 성장할 수 있습니다."

골반을 튼튼히 하고 허벅지 근육을 늘리는 데 좋은 동작도 있고, 근육과 몸속 장기들을 건강하게 해주는 자세도 있었다.

월 로프나 월 벨트를 이용한 거꾸로 서기는 척추와 허리를 늘려주는 효과가 있고, 혈액순환을 도와주고 머리를 맑게 해 줘서 청소년기에 공부하는 데도 도움이 된다고 했다.

"요가의 효과로는 두뇌 발달, 질병 예방, 성장 호르몬 조절, 신체 균형, 체형 교정, 정서 안정과 집중력 강화를 들 수 있습니다. 앞으로 석 달 동안 여러 요가 동작을 배우면 몸도 좋아지고 집중력도 좋아지니까 잘 배워 보시기를 바랍니다."

컴퓨터나 스마트폰 사용으로 체형이 망가지기도 하고 운동량이 부족해서 체중이 늘기도 한다. 특별히 안 좋은 증상은 없지만, 나 또한 몇 달 사이에 몸무게가 늘어 운동을 더 열심히 해야겠다는 각오를 했다. 나는 3개월 과정을 마친 뒤에도 그때 배운 요가 자세를 집에서 연습하고 있다. 여러 가지 기본 동작을 배웠기 때문에 영상을 보며 자세를 따라 하는 데는 어려움이 없다.

잠깐이라도 마음을 내려놓고 순간에 집중할 수 있는 시간. 명상과 요가를 함께 하면서 머리가 맑아지고 몸도 유연해지는 것을 느낀다.

경험해보지 못한 특별한 선택

/ 복싱

내가 요가를 할 때 구성된 또 다른 팀은 복싱팀이다. 동아리 활동의 하나인 복싱은 주 2회, 3개월 과정으로 진행한다. 복싱반에는 의외로 여자 친구들이 많다.

그 친구들이 체육관으로 가기 전에 휴게실에서 자기들이 왜 복싱반에 지원했는지 말해 줬다. 은영이는 생각해보지도 못한 새로운 도전을 해보는 게 너무 멋지지 않냐고 되물었다. 서희는 복싱을 계속해서 영화배우 이시영처럼 아름다운 몸매와 탄력 있는 근육을 가지고 싶다고 했다. 모든 운동을 잘하는 민철이는 격한 운동을 하고 나면 자신감과 용기가 생긴다고 했다.

친구들의 말을 종합해보면 복싱은 아주 좋은 운동이 틀림없다. 중요한 것은 어떤 운동을 하려면 그만큼 시간과 비용이

든다는 점이다. 그리고 그것을 오랫동안 꾸준히 할 수 있느냐가 문제다. 내가 요가를 통해 나타난 신체적, 정신적 효과에 만족하듯이 어떤 운동을 하더라도 거기에서 얻는 만족이 있다. 그러고 보니 복싱반 친구들은 모두 에너지가 흘러넘친다. 운동하면서 스트레스를 싹 날리고 오는 게 아닐까? 내가 하는 요가도 좋지만 복싱이 궁금해져서 친구들이 운동하는 모습을 보고 싶었다.

일정상 먼저 시작한 요가 과정을 마치고 선생님에게 복싱 연습하는 걸 보고 싶다고 말씀드렸더니 같이 가보자고 했다.

체육관은 꿈드림센터에서 도보로 10분 거리에 있어서 걸어갈 수 있었다. 오래된 건물 2층 전체가 체육관이었다. 낡은 시설이지만 입구에 있는 사물함과 신발장에 있는 신발만으로도 얼마나 많은 사람이 다니는지, 규모를 짐작할 수 있었다. 빈 사물함이 없어서 친구들은 운동복과 글로브, 핸드랩 등을 가방에 넣어 들고 다녔다. 체육관 정면에 링 한 개가 있고, 한쪽 벽으로는 다양한 종류의 아령과 글로브, 헤드기어가 가지런히 정리대에 진열되어 있었다.

관장님은 운동복으로 갈아입은 친구들을 불러 줄을 맞춰 세웠다. 스트레칭과 웜업 시간이었다. 관장님이 큰 소리로 운동을 시작하기 전에 몸을 푸는 게 얼마나 중요한지 설명했다. 준비운동은 부상을 막아주고 신체활동의 효과를 극대화해준다.

준비운동을 끝내고 줄넘기를 했다. 경쾌한 줄넘기 음악에 맞춰 세 번을 반복했는데 쉽지 않아 보였다. 복싱하기 전에는 반드시 줄넘기를 먼저 한다. 줄넘기는 몸의 순발력과 민첩성을 기르고 체력을 키우기 위한 가장 기본적이고도 중요한 운동이다. 또 무릎의 유연성을 높여주는 기능도 있다고 한다.

기본 운동을 마치고 잠깐 쉬면서 물을 마셨다. 친구들은 가방에서 핸드랩을 꺼내 양손에 감았다. 먼저 랩을 감은 민철이가 나머지 친구들이 랩 감는 걸 도와줬다.

다시 체육관 안으로 들어간 친구들은 바닥에 그려진 선에 맞춰 서서 복싱 기본자세를 배웠다. 복싱의 걷는 스텝과 뛰는 스텝, 제자리 뛰기를 하면서 발의 각도, 시선, 팔의 위치와 동작을 배웠다. 관장님의 구령에 따라 스텝을 익히는 친구들은 흠뻑 땀에 젖었다. 3라운드를 하면서 친구들은 벌써 체력이 바닥났는지 지친 모습이 역력했다.

잠시 자기 자리에 앉아 쉬었다가 다시 각자 샌드백 앞으로 가서 관장님이 가르쳐 준 대로 샌드백을 쳤다. 관장님이 스텝과 손을 뻗는 방법을 설명하고 한 명씩 자세를 교정해줬다.

친구들이 운동하는 동안 나는 체육관 벽에 붙어 있는 현수막을 훑어보았다. 체육관 시간표에는 반이 다양하게 편성되어 있었고, 우승 축하 현수막도 걸려 있었다. 초·중·고등학생은 물론이고 주부, 직장인반에 편성되어 있는 선수들이 각종 대회에서 우승한 것을 보여주는 홍보용 자료였다.

운동을 마친 친구들이 땀을 흘리며 핸드랩을 풀었다. 힘들어 보였다. 어느 운동이든 쉬운 운동은 없겠지만 꾸준히 해서 작은 보람을 느낄 수 있으면 좋겠다.

복싱 체육관에 와보니 사람들이 복싱만 하는 것처럼 보였다. 수업이 끝날 때쯤 다음 시간 학생들이 한두 명씩 들어왔다. 자신이 좋아해서 꾸준히 할 수 있는 운동이 있다면 얼마나 행복할까.

나는 배우다 만 수영이 생각났다. 꿈드림센터 프로그램에 참여하느라 수영장 이용 시간과 맞지 않아 몇 달째 잊고 있었다. 어렵다고 생각했던 배영에 막 재미를 들이고 있었는데, 어쩔 수 없이 당분간은 꿈드림센터 프로그램에 집중해야겠다.

내가 하고 싶은 대로

/ 칼림바 연주

    엄마의 권유로 어릴 때 피아노학원과 미술학원에 다닌 적이 있다. 그것도 초등학교 때만 잠깐. 그때는 왜 다녀야 하는지도 모르면서 학교에서 집에 오는 대로 바로 집 근처 피아노학원으로 달려갔다. 피아노 강습을 마치고 친구들이 집에 돌아가면 혼자 미술학원 승합차를 기다리곤 했다. 덕분에 피아노를 좀 칠 줄 안다. 공부하다가 기분전환도 할 겸 피아노를 쳤는데 고등학생이 된 후에는 쳐본 적이 것의 없었다.

    꿈드림센터 동아리 활동으로 칼림바를 배우게 됐다. 나는 피아노 말고도 악기 하나 정도는 더 다루고 싶었고, 작은 몸통에서 아름다운 소리가 나는 것에 홀렸다. 칼림바는 어디든 가지고 다니기 좋고, 소리가 크지 않아 다른 사람에게 피해를 주지도 않는다.

칼림바는 두 손으로 몸통을 감싸 쥐고 엄지손가락으로 금속 건반을 튕겨서 소리를 내는 악기다. 영롱하게 퍼지는 소리가 영혼의 소리처럼 들린다. 꿈드림센터에도 동아리가 있다. 선생님에게 칼림바를 받아 손가락으로 튕겨봤다. 생각보다 어렵지 않았다.

선생님은 원하는 사람에게 칼림바를 한 개씩 나눠주면서 집에 가져가서 연습해 봐도 좋다고 했다. 칼림바 개수가 충분해서 희망하는 사람은 누구나 배울 수 있었다. 이번 칼림바 연주 과정은 일주일에 2시간씩 6시간으로 편성됐다. 칼림바의 기본적인 내용만 배우는 과정인데, 대학생 멘토 언니가 수업을 맡았다.

첫째 시간에 멘토 언니가 칼림바의 기초에 대해 알려줬다.

"칼림바는 아프리카 민속악기예요. 손가락으로 금속판을 튕겨서 소리를 내는데, 이 소리에 빠져서 배우려는 사람이 많이 늘었습니다."

멘토 언니는 수업을 시작하기 전에 능숙하게 칼림바 시연을 했다. 언니는 칼림바가 어떤 악기이며, 구조와 기본자세, 튜닝 방법, 악보의 종류, 연주법 등에 대해 자세하게 알려줬다. 나는 들을수록 점점 더 칼림바의 매력에 빠져들었다.

칼림바에는 알파벳과 숫자가 철편에 적혀 있는데 가운데 있는 도를 중심으로 양쪽으로 번갈아 가면서 음계가 진행된다. 철편이 길면 낮은 소리가 나고, 짧으면 높은 소리가 난다.

또, 플레이트형 칼림바에는 없지만, 박스형 칼림바에는 사운드 홀이라는 구멍이 있다. 그 속이 비어 있어서 음량이 플레이트형보다 크다. 우리가 연습하는 칼림바는 몸체가 통나무로 된 플레이트형이고, 타인스의 개수는 17개다. 칼림바는 다른 악기에 비해 값이 비싸지 않아 가장 일반적인 것을 사서 연주해도 된다. 나는 꿈드림센터에서 연습하는 칼림바 대신 나만의 칼림바를 가지고 싶어서 더 자세히 알아보고 있다.

멘토 언니가 칼림바 악보를 보여줬다. 오선악보와 타브악보, 그리고 숫자가 적힌 숫자악보였다. 피아노를 칠 줄 아는 사람은 오선악보 보는 것에 무리가 없지만 칼림바에 적혀 있는 숫자를 보면서 치는 숫자악보가 더 보기가 편하다. 자신이 보기 좋은 악보를 골라 연주하면 된다. 이런 악보들은 인터넷에서 내려받아 쓸 수 있다.

언니는 음이름을 읽으며 음계 연주하기를 반복해서 연습하게 했다. 손가락이 익숙해지도록 반복해서 연습했다. 나와 친구들은 어렵지 않게 하나하나 배우는 즉시 따라 했다. 단선율이 숙달되면 화음을 넣어 연주해 보라고 했다.

멘토 언니는 한 음씩 연주하는 것 말고도 슬라이딩 주법과 비브라토 주법을 먼저 시연하고 따라 해 보게 했다.

여러 음을 한꺼번에 미끄러지듯이 쓸어서 연주하는 슬라이딩 주법과 노래할 때 바이브레이션처럼 악기로 떨림을 표현하는 비브라토 주법은 배울수록 흥미롭다. 세 가지 주법 연습을 열심히 해서 수준 있는 연주를 해보고 싶다.

"여러분은 칼림바 연습을 하려고 인터넷에서 악보를 내려받아 본 적이 있을 거예요. 칼림바 악기 앱도 있어요. 내려받으면 화면에 칼림바 모양이 나오는데 지금 들고 있는 칼림바와 똑같이 연주할 수 있어요."

신기하게도 스마트폰 앱에서 칼림바와 똑같은 악기를 내려받을 수 있었다. 음색도 나쁘지 않았다. 나한테 맞는 칼림바를 고르기 전까지 나는 스마트폰 앱으로 연습했다.

"칼림바를 정식으로 배우려면 6시간으로는 부족해요. 여러분과 함께하는 동아리 활동 시간에는 칼림바의 가장 기초적인 부분만 배우게 되는데, 누구나 계이름만 알면 쉽게 연주할 수 있어서 혼자서도 연습할 수 있어요."

멘토 언니가 짧은 시간에 아주 재미있게 칼림바를 가르쳐줘서 우리는 그동안 연습한 곡들을 친구들과 선생님들 앞에 선보이는 작은 연주회를 열었다.

단기간의 연습으로도 나는 훌륭한 연주자가 되었다. 나와 친구들이 연주한 소리와 많은 사람의 환호 소리에 내 영혼이 맑아지는 느낌이었다. 집에 와서 내 방에서 칼림바 연습을 했는데 부모님이 문을 살짝 열어놓고 내 뒤에서 조용히 듣고 있었다. 나는 모르는 척 그동안 배운 세 가지 곡을 연주했다. 집에서 가진 연주회도 성공적이었다.

떨리지는 않았는데 좀 더 기교 있는 연주를 하지 못한 것
이 아쉬웠다. 이 정도면 잘했다고 스스로 위로하며 더 능숙
하게 연주할 수 있을 때까지 더욱 열심히 연습하기로 마음먹
었다.

소소한 것에서 얻는 행복

/ 스마트폰 사진 찍기

수업을 모두 마치고 집으로 돌아가려는데 사무실에 손님이 한 분 있었다. 지나가는 길에 들렀다는데 선생님과 사진이야기를 나누고 있었다. 선생님의 지인인데 사진 동호회에서 활동한다고 했다. 전문 작가는 아니지만 동호회원들과 사진을 찍는 아마추어 작가였다. 선생님은 그분에게 우리 꿈드림센터 청소년들에게 사진 잘 찍는 방법을 알려 달라고 요청했다.

덕분에 꿈드림센터에 사진 교육이 생겼다. 카메라는 아니고 스마트폰 사진 강의였다. 값비싼 디지털카메라가 아니더라도 우리가 늘 가지고 다니는 스마트폰으로도 멋진 사진을 찍을 수 있다니 꼭 듣고 싶었다. 이번에는 신청자를 모집하지 않고 일주일 동안 공지해서 원하는 사람은 누구나 참여할 수 있었다.

 나는 사진 찍는 걸 좋아한다. 사진은 세상을 바라보는 눈이라고 생각한다. 카메라는 사람이 보지 못하는 아름다운 영혼을 담아낸다. 그래서인지 피사체에 집중해 사진을 찍고 있는 사람의 뒷모습을 보면서 위대한 창조자의 모습이 아닐까 생각한 적도 있다. 카메라를 손에 든 순간 세상을 다른 눈으로 보게 된다. 집을 나서서 마주치는 것들의 세세한 부분에 주목하면 모든 것이 달리 보인다. 아주 먼 곳이나 특별한 곳에 가지 않더라도 내가 사는 주변이나 일상생활에서도 훌륭한 사진을 찍을 수 있다. 나는 그것을 아빠 엄마에게 배웠다.

 아빠 엄마는 여행 떠날 때마다 꼭 카메라 장비를 챙겼다. 나는 아빠가 내 눈에 보이지 않는 것들이나 내가 관찰하지 못한 것을 포착해서 찍은 사진을 보여줄 때마다 세상의 신비로움을 느낀다. 같은 것을 놓고도 렌즈는 내가 못 본 것, 그 거룩한 순간을 담아냈다. 아빠는 카메라로 사진을 찍자마자 바로 나에게 보여줬다. 간혹 나는 아빠의 카메라로 꽃이나 작은 조형물을 찍어 내 실력을 확인하곤 했다.

 나는 아빠 덕분에 사진을 알았고 어느 정도 찍을 줄 안다고 생각하면서 수업에 들어갔다. 친구들은 수업이 시작되기 전 자신의 폰 앨범 속에 저장해 둔 사진을 넘겨보면서 사진 촬영 기술을 가늠해 봤다. 강사가 먼저 자기소개를 하고 수업을 시작했다.

"많은 사람이 스마트폰으로 사진을 찍고 있으면서도 그 기능은 제대로 활용하지 못하고 있습니다. 매뉴얼이 있지만 보는 사람은 별로 없는 것 같아요. 또 사진 촬영 기법에 대해 조금만 잘 알아두면 카메라나 스마트폰으로도 좋은 사진을 찍을 수 있습니다. 오늘은 스마트폰으로도 아주 멋진 사진을 찍을 수 있다는 것을 보여드리겠습니다."

강사는 우리에게 사진과 사진 찍기, 그리고 왜 좋은 사진을 찍고 싶은지에 대해 물었다. 친구들이 저마다 자기 생각을 말했고 나는 그 이야기를 들으면서 사람들이 사물을 바라보는 시각이 참 다양하다는 걸 느꼈다.

"저는 처음에는 남이 알아주는 사진을 찍으려고 노력했어요. 그러나 사진을 찍으면서 알게 된 건 잘 찍은 사진이 위대한 게 아니라 카메라 셔터를 누를 순간을 기다릴 줄 아는 게 위대하다는 걸 알게 됐어요. 그때부터 사물의 겉모습이 아니라 다른 면을 볼 수 있는 안목을 가지게 됐습니다."

강사는 사진을 극찬하면서 사진에 관한 자신의 철학을 말해 주었고 아마추어도 알기 쉽게 사진에 관한 기본 이론도 설명해 줬다.

"요즘 우리가 가지고 있는 스마트폰 카메라의 기능은 갈수록 업그레이드돼서 전문가용 카메라 못지않게 활용할 수 있어요."

강사는 각자 가지고 있는 스마트폰을 켜고 카메라 애플리

케이션을 눌러 설정으로 들어가라고 했다.

"스마트폰 카메라에 어떤 기능들이 있는지 아나요? 익숙하게 사용하는 사람도 있긴 한데 기능의 절반도 활용하지 못하는 사람이 더 많습니다."

강사가 설정에 있는 메뉴와 프로 모드에 있는 기능을 설명하면 우리는 직접 스마트폰을 눌러가며 그 기능을 확인했다. 강사가 스마트폰 카메라의 기능을 설명하고 자기가 찍은 사진을 빔프로젝터 스크린으로 보여줬다. 사진을 한 장씩 보면서 스마트폰 카메라의 기능과 연관 지어 각각의 기능을 활용하는 팁을 알려줬다.

사진 촬영 후에는 미세 보정, 필터, 스티커 만들기, 밝기 조절, 글자 삽입, 지우개 기능 같은 포토 에디터 기능을 활용할 수 있고, 자신이 원하는 부분만 남기고 잘라낼 수도 있다. 이런 기능을 이용해서 좀 더 완성도 높은 이미지를 만들어낼 수 있다. 다른 센터에도 사진동아리가 있어서 전문 사진작가와 함께 출사해 사진도 찍고 전시회도 연다.

저녁에 아빠에게 꿈드림센터에서 배운 스마트폰 카메라 기능에 대해 말했다. 취미로 사진을 찍는 아빠가 말없이 좋아하는 시를 보여주셨다. 조안나 패터슨(Joanna Paterson)의 시였다.

이것은 사진이 아니다

이것은 맑고 부드러운 9월 햇빛 속에 바라보는 꽃이다

이것은 나의 감각을 채우는 라벤더 향기이다

이것은 세차게 흘러가는 강물 소리, 풀잎 속 벌들의

미친 듯한 윙윙거림이다

이것은 근무시간 이전의 지구 시간이다

이것은 은밀한 시간이다

이것은 나만의 시간이다

이것은 모두 사라지는 시간이며 그 밖에는 아무것도 중요하지

않다

이것은 가장 부드럽고 상쾌한 9월 아침에 꽃잎 위에

떨어지는 빛이다

이것은 침묵이다

이것은 모두 꽃에 대한 사랑, 꽃으로부터의 사랑이다

이것은 생각을 넘어 존재하는 것이다

이것은 판단을 넘어 사랑하는 것이다

이것은 사진이 아니다

이것은 나의 수행이다

이것은 나의 구원이다

이것은 나의 사랑 노래이다

이것은 나의 수행, 나의 기도이다

노
란
색
꿈

놀이와 학습 함께 즐기기

/ 보드게임

꿈드림센터는 한 가지 목적으로만 운영되는 곳이 아니다. 학습이 이루어지는 배움터이기도 하지만 우리가 쉴 수 있는 놀이터와 쉼터의 역할도 한다. 강의실이라고 강의만 하는 것도 아니고 휴게실이라고 마냥 떠들고 노는 공간도 아니다. 정해 놓은 공간을 그 용도로만 쓰는 것이 아니라 우리가 편안하게 머무르는 공간이라는 의미가 크다.

강의실과 작업장에서 프로그램이 진행될 때도 참여하지 않는 친구들은 휴게실에서 놀이나 휴대폰 게임을 한다. 친구들은 꿈드림센터 어느 한 곳도 본래 용도로만 쓰지는 않는다. 다들 영역을 뛰어넘어 활용하는 재주가 있다. 이렇게 센터를 여러모로 유연하게 활용하는 것은 센터장님의 방침이기도 하다. 센터의 공간 활용에 관한 센터장님의 생각은 남다르다. 새로 꾸민 도서실 책들을 정리하면서 센터장님이 이야기했다.

"도서실은 책만 읽는 공간인가요? 반드시 그렇지만은 않지요. 저는 여러분이 이곳을 다양한 방식으로 이용해 주면 좋겠습니다. 이곳에서 음악을 들어도 좋고, 친구들과 이야기를 나눠도 좋고, 피곤한 사람은 쉴 수도 있어요. 여러분이 머물 수 있는 공간으로 이곳을 충분히 활용해주길 바랍니다. 센터 내 모든 공간은 여러분의 자유와 창의의 공간입니다."

그렇게 센터의 여러 공간이 우리의 생각과 움직임에 따라 다양하게 활용된다는 것이 기뻤다. 점심을 먹고 조용히 쉬고 싶어서 도서실에 갔다. 잠깐 서재를 둘러보다가 한쪽에 정리된 보드게임 상자에 눈이 갔다. 아주 다양한 종류의 게임 상자들이었다. 보드게임은 판 위에서 말이나 카드를 놓고 일정한 규칙에 따라 진행하는 게임이다. 컴퓨터나 스마트폰으로 혼자서 하는 게임이 아니라 여러 사람이 함께 즐기며 어울릴 수 있다는 장점이 있다.

'다빈치 코드'라는 보드게임 상자가 많았다. 흑백 각각 0부터 11까지 총 24개의 숫자 타일과 조커 타일 2개 등 26개의 타일을 활용해 비밀코드를 밝혀내는 게임이다.

'도블'이라는 보드게임도 있었다. 중간에 카드를 놓고 한 장씩 나눠 가진 다음 자기 카드와 같은 동물이 나오면 그 동물 이름을 외치면 된다. 게임 방법은 카드를 가장 많이 가지거나, 반대로 자기가 가진 카드를 가장 빨리 없애면 이긴다.

서재 두 번째 층에는 '젬블러'라는 게임 박스가 있었다. 어린이용 게임인 것 같지만 청소년이나 성인들도 할 수 있다. 게임 규칙에 따라 육각형 게임판에 타일을 가장 많이 올려놓는 사람이 이기는 게임으로, 여러 사람이 하는 게임이지만 혼자서도 할 수 있다. 나는 쪼그려 앉아 상자를 열어 설명서를 읽었다. '골든 게임 세계여행'과 '브루마블' 상자를 열어 보는데 한서가 다가왔다.

"지민아, 여기서 뭐 해?"

"도서실에 쉬려고 왔는데 보드게임 상자들이 눈에 띄어서 보고 있어. 게임 종류도 다양하고 재미있을 거 같아서."

"오후에 프로그램 없지? 그럼 보드게임 같이 할래?"

"난 어떻게 하는지 잘 몰라. 집에서 젠가는 해봤는데 이런 게임은 처음이거든."

"내가 가르쳐 줄게. 생각보다 어렵지 않아."

우리는 오후에 프로그램에 참여하지 않는 친구들을 모았다. 한서가 고른 것은 브루마블(Blue Marble) 게임이었다. 한서가 테이블 위에 브루마블 게임판을 펼치고 네 명의 게임 말을 출발지에 놓은 후 게임 화폐를 나눠줬다. 그런 다음 게임 방법을 설명했다.

자기 차례가 올 때마다 주사위 두 개를 굴려서 두 개의 합만큼 시계 방향으로 이동해 도시의 토지를 사거나 건물을 세워서 증서를 사는 것이다. 증서의 금액을 은행에 지급하고 호텔이나 빌딩, 별장을 짓고, 다른 사람 소유의 토지에 들어가면 통행요금도 내야 한다. 가는 길에 우주여행, 무인도, 황금열쇠, 사회복지기금 칸에 도착하면 그 기능대로 하면 된다.

한서가 대신 돈 계산을 해서 서로 주고받을 수 있게 해주고, 그 자리를 지나가는 사람이 해야 할 일을 알려줬다. 게임을 하는 동안에는 친구들이 계산할 것들을 놓치기도 했는데, 그때마다 한서가 재빠르게 한 판 물리고서 정리해줬다.

한 바퀴를 돌아 출발지역을 지날 때마다 월급 20만 원을 지급했다. 3회전 할 때쯤에야 게임판의 도시와 건물의 가격이 눈에 들어왔다. 출발지부터 가면 갈수록 만 원대, 10만 원대, 20만 원대, 30만 원대 식으로 점점 가격이 올라갔다. 많은 도시 중에 서울의 가격이 미국이나 유럽의 도시보다 비쌌다.

게임에 익숙하지 않은 친구들이 하는 것이어서 1시간을 훌쩍 넘기고도 게임은 끝나지 않았다. 나는 돈을 내야 할 때 돈 계산을 하는 것이 번거로웠다. 그때마다 한서가 자기 말을 움직이면서도 다른 사람들의 계산까지 세밀하게 도와줬다.

보드게임은 단순한 놀이가 아니고 영토를 넓히고, 재산을 늘리고, 환경을 보호하며, 남녀평등이나 근로권익 교육 등 게임 소재의 범위가 아주 넓다. 유아·초등용 게임 중에는 게임을 하면서 저절로 게임이 의도하는 학습효과를 올릴 수 있도록 구성된 것들이 많다.

그 뒤로 나는 친구들과 보드게임을 자주 한다. 스피드 있는 게임을 즐기려는 친구들이 많아서인지 우리 꿈드림센터에서 가장 인기 있는 게임은 '할리 갈리'라는 게임이다. 이 게임에서는 속도전에서 이기기 위한 극도의 집중력이 필요하다. 순발력 싸움이다.

나는 순발력만큼은 남에게 지지 않는다고 자부했는데 한서와는 비교가 되지 않았다. 한서는 모든 보드게임의 마스터였다. 여러 종류의 보드게임에서 보여주는 능숙함에도 놀랐지만 '할리 갈리'처럼 순발력이 필요한 게임에서도 남에게 지지 않았다. 보드게임에서 한서를 이길 사람은 아무도 없었다.

나중에 안 일이지만 한서는 보드게임대회에 나가서 상을 받은 전력도 있다고 한다. 나는 한서가 좋아하는 일에 그렇게 열성을 쏟아붓는 것을 보고 충격을 받았다. 내가 좋아하는 것이 무엇이고, 도대체 무슨 꿈을 꾸고 있는지 다시 한번 생각하게 되었다.

초록색 꿈

내가 포기하기 전에는
절대로 진 게 아니거든

/ 드론

우리가 잘 알지 못하는 것들이 있다. 주변에서 일어나고 있는 일인데도 알아차리지 못하는 것들도 있다. 그중 하나는 우리 사회가 청소년들에게, 특히 학교 밖 청소년들에게 생각보다 관심이 많다는 것이다. 우리가 눈치채지 못할 정도라면 그리 눈에 띌 정도는 아니겠지만 주변에 수많은 사람이 청소년들에게 관심이 있다는 것을 나는 학교 밖 청소년이 되고서야 알았다.

지금까지 참여해 온 여러 프로그램에서도 그랬지만 드론교육도 학교 밖 청소년이나 어려운 환경의 청소년들에게 지원해주는 과정이 있다. 우리는 드론교육원에서 교육비를 지원받아 이론수업, 모의비행, 기본비행, 실무비행 등을 3주에 걸쳐 배웠다. 신청자는 8명이었다. 교육을 아침 8시부터 시작해서 아침 일찍 일어나야 하는 것이 가장 큰 부담이었다. 7시까지 꿈드림센터에 오면 일찍 출근한 선생님이 우리를 교육장까지 인솔했다.

교육장은 비행 연습을 하는 데 지장이 없는 곳에 있었다. 주변에 건물이 없고 논과 밭으로 둘러싸인 넓은 평지에 드론을 띄울 수 있는 실습장과 이론 수업을 하는 강의실이 갖춰져 있었다. 드론 교육 시간과 비행시간은 전자출결 시스템으로 관리되기 때문에 교육생별로 출석 횟수와 출석·퇴실 일자와 시간을 알 수 있다. 비행시간도 이 시스템으로 관리한다.

강사는 드론으로 불리는 '초경량비행장치 무인멀티콥터'라는 용어를 먼저 설명했다.

"드론은 다양한 목적으로 사용되고 있습니다. 방역, 측량, 탐색에 활용되고, 최근에는 물류배송에도 사용됩니다. 여러분이 취득할 자격증의 정확한 명칭은 초경량비행장치 무인멀티콥터 조종자 자격증입니다. 한국교통안전공단에서 발급하는 국가자격증이죠."

드론 자격증은 학과시험과 실기시험을 통과해야 한다. 우리가 다녔던 드론교육원은 국토교통부에서 지정한 전문교육기관이었다. 250그램을 초과하는 드론을 날리려면 소정의 교육과정을 이수하고 자격증을 취득해야 한다. 그렇지 않으면 항공안전법에 따라 처벌받는다.

처음 접하는 어려운 용어를 배우고 항공법규, 항공기상, 비행 이론 등을 배웠다. 필기시험은 40문항이 나왔는데 무난하게 합격했고, 곧바로 구술시험과 비행 조정 시험을 준비했다. 드론을 배우는 데 시간이 걸려서 우선은 드론 배우는 데 집중했다.

함께 드론을 배우는 우석이는 손으로 조정하는 건 뭐든 잘했다. 처음 배우는 것인데도 몇 번 해보더니 능숙하게 드론을 다뤘다. 차 안에서 우석이가 들떠서 말했다.

"드론을 조정하고 있으면 정말 기분이 짜릿해. 드론을 꼭 날려보고 싶었는데 내가 이렇게 진짜로 드론을 날리고 있다니 믿어지지 않아."

다른 친구들도 조금씩 실력이 늘었다. 드디어 드론교육원에 실기시험 접수를 했다. 학과시험 범위에 해당하는 내용을 구두로 질의, 응답하는 시험을 치르기 위해 내용을 정리해서 암기했다. 차로 이동할 때나 꿈드림센터에서 하루 일과를 마칠 때까지 비는 시간마다 선생님들이 암기 사항을 항상 점검했고, 주어진 시험문제 요약사항을 얼마나 암기했는지 일일이 확인하며 챙겨주셨다.

드론 자격증을 취득하는 데는 실기 비행에 드는 비용과 시간이 관건이어서 4차 산업혁명 시대에 유망한 자격증이긴 해도 드론 자격증을 보유하고 있는 사람은 많지 않다고 한다. 그런데 꿈드림센터에서 드론교육원의 지원을 받아 진행한 이번 드론 교육에 참여한 친구들은 모두 자격증을 땄다.

이 과정은 우리 모두에게 새로운 경험이었다. 오전 수업이 일찍 시작되기 때문에 새벽부터 준비해야 했고, 이해하기 힘든 드론 용어들을 외우고 필기시험에 구술시험까지 대비해야 했다. 드론을 조종할 때는 한낮의 뜨거운 햇볕을 피할 수 없었다.

그렇게나 어려운 드론 자격증을 딴 것은 나에게 기쁨과 보람이었다. 전혀 생각지도 못했던 새로운 분야에 첫발을 내디뎠을 때의 긴장감이 아직도 생생하다. 하지만 생소한 것에 도전했을 때 어떻게 해야 하는지를 알게 됐고 그런 낯선 일들이 어느 순간 익숙한 나의 일상이 됐다. 내가 조종한 드론은 최대 이륙중량이 26킬로그램이나 된다. 이 육중한 드론이 '쉬쉬쉬' 소리를 내며 땅에서 떠오르는 짜릿한 순간은 절대 잊을 수 없을 것이다.

낯선 도전을 즐겁게 받아들이자

/ 승마

　뉴스를 보면 주 5일제는 이미 정착되었고 주 4일제 근무 이야기까지 나오고 있다. 여가생활의 중요성이 커지면서 레저 스포츠의 인기도 나날이 높아지고 있다. 최근에는 승마, 요트, 골프, 해양 레저 등에까지 관심이 커지며 더욱 높은 수준의 삶의 방식을 추구하는 경향이 거세다. 국가나 지방자치단체에서도 적극적으로 장려하고 있다. 하지만 내가 승마를 하게 될 줄은 상상도 못 했다. 꿈드림센터는 지역사회의 여러 기관이나 단체와 네트워크를 구축해서 사업을 공유하고 협업하고 있다. 내가 다니는 꿈드림센터의 승마 프로그램도 지방자치단체가 한국마사회와 공동으로 추진하는 사업 중 하나를 지원받아서 진행하는 것이었다. 덕분에 학교 밖 청소년은 무료로 참여할 수 있다.

운이 좋게도 승마 프로그램이 내가 꿈드림센터의 여러 프로그램에 참여하고 있을 때 개설되어 주저하지 않고 신청했다. 매주 수요일 3개월 과정 12회기로 계획했는데, 10명 정원인데도 말타기가 무서워서인지 지원하는 친구가 많지 않았다. 그 덕분에 나는 어렵지 않게 승마반에 들어갈 수 있었다.

수업 첫날 선생님이 인솔해서 승마장에 갔다. 말똥 냄새가 심하게 날 줄 알았는데 승마장 입구에서도 코를 자극하는 냄새가 나지 않았다.

건물 2층 강의실에서 여자 강사가 교육 일정을 안내했다. 경마 기수였다는 강사분의 목소리에 자신감이 느껴졌다.

"이 승마장은 10년 전에 개장했습니다. 보유하고 있는 말이 56두나 되는, 규모가 큰 승마장입니다. 아마 여러분들 모두 승마가 처음일 겁니다. 승마는 고급 스포츠라는 인식이 많은데, 이곳에서는 누구나 쉽게 말을 타고 즐길 수 있도록 지원하려고 노력하고 있습니다."

일반인들은 승마를 돈이 있어야 할 수 있는 스포츠라고 생각하지만 가서 보니 꼭 그런 것만은 아닌 것 같았다. 지금은 소수만을 위한 스포츠에서 점차 대중적 스포츠로 변하는 추세여서 누구나 도전해 볼 만한 것 같았다.

"승마를 통해 자신감도 회복하고, 학교 부적응에서도 벗어나고, 자존감도 높일 수 있습니다. 말을 타면서 말과 교감하면 정서적 안정감을 찾을 수 있어서 건강한 인성을 기르는 데도 도움이 되기 때문입니다.”

안내를 받고 자기에게 맞는 헬멧, 조끼, 장갑 등 보호 장비를 착용하고 강사를 따라 드디어 말이 있는 실내 원형 마장으로 갔다.

“마장에서는 옆 사람과의 대화를 자제해 주세요. 큰소리를 내면 말이 놀라거든요. 또 말은 겁이 많은 동물이라서 말에게 정면으로 다가가면 놀랍니다. 말 뒤쪽으로 가는 것은 더더욱 안 됩니다.”

우리는 승마에 관한 기본 용어와 말에 오르는 방법, 고삐 잡는 법, 안장에 올라타는 법, 앉는 자세, 등자 밟는 법 등을 배웠다. 옆에 있는 말이 움직이거나 울음소리를 내면 더 긴장됐다. 동희가 긴장한 내 얼굴을 보고는 말없이 웃었다. 우리는 자기가 탈 말의 목덜미를 쓰다듬고 당근을 주면서 교감을 나눴다.

“왼손으로 고삐와 갈기를 같이 잡으세요. 말의 갈기에는 신경이 없어서 아프지 않으니 괜찮습니다. 왼발을 등자에 끼우고 하나, 둘, 셋 하면서 등에 사뿐히 올라앉으면 됩니다. 허리는 구부리지 말고 펴고 앉아야 합니다.”

출발할 때는 말의 배를 살짝 찬다. 그것을 ‘박차’라고 한다. 어떤 일이 더 잘되도록 보태는 힘이라는 뜻으로도 쓰는 단어다. 몸에 힘을 빼야 쉽게 탈 수 있다는데 나는 너무 긴장돼서 힘이 많이 들어갔다.

"멈출 때는 고삐를 짧고 팽팽하게 잡아당기고, 워, 워."

강사는 고삐가 팽팽할수록 다루기가 쉽다고 했다. 방향을 바꿀 때는 고삐를 오른쪽, 왼쪽으로 살짝 잡아당겼다. 말은 고삐를 잡아당기는 방향에 따라 움직였다. 강사가 말을 타고 가는 우리 가운데서 따라다니며 이런저런 주의사항을 말해 줬다.

"어떤 운동이든 기본자세가 있어요. 여러분이 말을 자연스럽고 유연하게 조정하는 데 들이는 노력이 적으면 적을수록 더 효과적이겠죠? 그러려면 기본자세를 잘 익혀야 하는데 사람에 따라, 체형에 따라 자세가 조금씩 다를 수 있어요."

강사는 기본자세가 중요하다는 말을 하면서 본능 자세와 응용 자세에 대해서도 간략히 설명했다. 나는 잘 적응하는 자세와 좀 더 내게 편안한 자세를 잡아보려고 했다.

나는 승마장에 다니면서 땅을 울리는 말발굽 소리와 함께 광활한 들판이나 해변을 빠르게 달리는 모습을 상상하곤 했다. 우리는 12회에 걸쳐 단계별 과정을 배웠다. 말을 잘 타는 건 나중 문제였다. 말을 재미있게 타는 것도 중요하지만, 안전하게 타는 것은 더 중요하다. 우리가 말을 타는 이유는 마장마술, 장애물 비월, 종합 마술 같은 전문 종목을 배우기 위한 것이 아니어서 둥그런 마장을 돌면서 말과 호흡을 맞추는 것만으로도 만족했다.

천천히 걷는 평보가 익숙해진 뒤 속보를 배웠다. 빠른 걸음

걸이를 하면서 반동에 맞춰 일어나고 앉고를 반복하는 것이 자연스러워지자 편안하게 말을 탈 수 있었다. 석 달 동안 말과 친해지고 함께 호흡하는 법을 배웠다. 처음 말에 올랐을 때는 말의 덩치와 높이에 무서웠지만 차츰 말이 친구처럼 느껴졌다. 말타기는 기술이다. 그냥 타는 것이 아니라 훈련을 받아야 탈 수 있다. 말과 호흡하며 말에게 가고, 멈추고, 걷고, 달리려는 내 생각을 말에게 정확하게 전달해야 한다. 말을 부리지 못하면 말이 말을 듣지 않을 수 있기 때문이다.

말타기 초보자들의 지속적인 승마 참여를 위해 인증시험을 치른다. 우리는 포니 3급 시험을 치렀는데, 실기테스트와 구술시험을 통과해야 한다. 구술시험은 그동안 강사가 수업 시간에 말했던 것들이 주로 나왔고, 실기는 평보와 좌속보를 할 수 있는지를 테스트했다.

승마 수업에 참여했던 나와 친구들 모두 시험을 통과해 한국마사회에서 발급한 '기승능력인증 포니3등급 인증서'를 받았다.

세상 어디에서도 못 느끼는 희열

/ 스킨스쿠버

꿈드림센터는 여성가족부 지원사업을 기본으로 하고, 세부 프로그램은 여건에 따라 조금씩 다르다. 지역 특색에 맞춰 진행할 수 있으니 우리 지역 센터에서는 무엇을 중점적으로 운영하는지 알아봐야 한다. 내가 다니는 꿈드림센터에도 여성가족부나 지방자치단체의 사업비로 운영되는 지정 프로그램이 있다. 그래서 거기에 맞게 운영하면서 지역사회의 지원과 도움을 받아 다양한 체험 프로그램을 진행한다.

승마가 그런 프로그램인 것처럼 스킨스쿠버도 마찬가지다. 평소 쉽게 접근하기 어려운 종목들이다. 나에게 스킨스쿠버는 너무 생소했다. 어릴 때부터 수영을 했지만 수영장보다 더 깊은 물에 들어가는 것이 두려워서 지원하기가 망설여졌다.

"지민아, 전문가가 스킨스쿠버 교육을 하고, 장비를 꼼꼼하고 안전하게 점검한 후에 물에 들어가니까 너무 걱정할 거 없어. 이번 기회에 배워보는 것도 괜찮을 것 같은데."

센터장님은 여러 프로그램에 참여하면서 몰라보게 달라진 나를 칭찬하며 도전해보라고 권했다.

"나한테는 안 좋은 기억이 있어. 어릴 때 물놀이를 하다가 내 키보다 더 깊은 곳에 들어간 적이 있었거든. 발이 바닥에 닿지 않는다고 생각하는 순간 너무 당황했어. 허우적거리면서 짧은 시간에 물을 엄청 많이 마셨지. 그때 옆에 있던 친구가 내 손을 잡고 끌어내 줬어. 그런 일을 당하고 나니 두려움이 남아서 물가를 걷는 것조차 두려워졌어. 나는 그걸 극복하려고 수영을 배웠어. 그래서 지금은 모든 영법을 익혀 수영을 즐길 수 있게 됐지. 아직은 물에 대한 두려움을 완전히 극복하지는 못했지만 많이 좋아진 것 같아."

깊은 물에 들어가는 걸 싫어하는 나를 위해 센터장님이 들려주신 경험담을 듣고 망설이다가 나는 집에 가서 부모님과 상의한 뒤 결정하기로 했다.

아빠와 엄마는 꿈드림센터에서 진행하는 다양한 체험 활동에 놀라면서 할 수만 있다면 여러 가지 활동을 해보는 것이 좋지 않겠냐고 했다. 나는 용기를 내어 스킨스쿠버를 배워보기로 했다. 깊은 물 속에 들어가는 것이 무서웠는지 친구들 대부분이 선뜻 나서지 않아서 지원한 친구는 8명뿐이었다.

우리를 인솔한 선생님은 오픈 워터 자격증 보유자였는데,

꿈드림센터 청소년들이 체험할 수 있도록 지원을 요청했다고 한다. 선생님은 스킨스쿠버 자격증에 대한 찬사를 아끼지 않았다.

"스킨스쿠버에서 정해진 시간을 이수하면 오픈 워터 자격증을 취득하게 되는데, 오픈 워터는 세계 어느 바다를 가더라도 스쿠버다이빙을 즐길 수 있는 자격이야. 얼마나 멋지니?"

오픈 워터는 스쿠버 장비를 가지고 바닷속 18미터 아래까지 들어갈 수 있는 자격증이라고 한다. 단순한 물놀이가 아닌, 장비를 갖추고 수중세계를 볼 수 있는 자격이었다. 기대도 생겼지만 한편으론 걱정도 됐다. 장비에 의존하는 것이라서 더 두려웠다.

오픈 워터 자격 과정은 16시간의 교육을 이수해야 하고, 이수 후에는 필기와 실기 평가에 합격해야 한다. 1일 차 수업은 스킨스쿠버 소개와 장비 사용법, 다이빙의 기초, 장비의 착용, 기본적인 주의사항, 장비 고장과 위급상황 대처법 등에 관한 교육이었다. 처음 보는 장비들이 생소하고 낯설었다.

비디오 시청과 이론 문제 풀이, 퀴즈와 최종시험을 거치는 이론 과정을 모두 마치고 실습에 들어갔다. 입수 전에 공기통을 연결하고 장비를 테스트했다. 비상 상황에 대처하는 방법도 반복해서 알려주었다. 공기통과 연결된 호흡기가 제대로 작동하는지를 직접 호흡하면서 확인했다.

무엇이든 기본을 지키지 않으면 안 된다. 기본이 안전과 직결되고, 그래야만 재미도 느낄 수 있다. 우리는 강사의 지도를 잘 따르면서 질서 있게 움직였다. 강사는 이렇게 말 잘 듣고 재빨리 받아들이는 친구들은 처음이라고 칭찬했다.

다이빙마스크와 웨이트 벨트를 착용하고 물속으로 들어갔다. 수영을 잘한다고 스킨스쿠버를 잘하는 것도 아니고, 수영을 못한다고 스킨스쿠버를 두려워할 일도 아니다. 수영을 못하면 맥주병이라고 하는데, 정작 스킨스쿠버 장비를 갖추고 물에 들어가면 잠수복의 부력으로 오히려 위로 뜬다. 웨이트 벨트는 그래서 착용하는 것이다. 부력 조절을 잘해야 물속에서 편안하게 머물 수 있다.

얕은 물에서 기본적인 것들을 연습했다. 항상 강사가 먼저 시범을 보인 다음 우리가 연습했다. 한 단계가 끝나고 다음 단계로 넘어갈 때마다 우리의 상태를 확인하는 일을 반복하면서 기술을 완전히 몸에 익히고 적응했는지를 점검하고서야 다음 단계로 넘어갔다. 강사들이 한 사람 한 사람의 자세를 점검해 줬다. 정해진 교육을 마치면 강사의 안내에 따라 자신의 장비를 물로 깨끗이 씻고 정리했다.

시험에 합격해서 오픈 워터 자격증은 받게 되었지만 내가 보고 싶은 바닷속 풍경을 보기 위해서는 좀 더 용기가 필요했다. 나는 어드밴스드 오픈 워터 다이버(Advanced Open Water Diver)가 되겠다고 마음먹었다. 나의 버킷리스트 하나가 추가되었다.

어디든 바다가 아름다운 곳을 다니며 전 세계 다이버들과 친구가 되어 멋진 바닷속 풍경을 즐길 수 있는 자격을 갖게 돼서 너무 기쁘다.

새로운 경험으로 얻은 성취감

/ 스키캠프

어른들은 청소년들에게 다양한 경험과 도전을 하라고 한다. 뭘 경험하고 도전하라는 건지? 그럴 기회를 주기나 했나? 그럴 분위기가 갖춰져 있다고 생각하나? 생각할수록 답답하지만 어른들에게만 그 책임을 떠넘기고 싶지 않다. 우리도 나서야 한다는 꿈틀거림이 마음 깊은 곳에서 느껴졌다.

독일의 철학자 하이데거는 '낯선 것과의 조우를 통해 이성이 시작된다'라고 했다. 나도 익숙한 것에 만족하지 않고 새로운 것을 찾고, 새로운 길을 가보려고 한다. 새로운 것을 먼저 보는 사람이 기회도 먼저 얻을 수 있다고 믿는다. 스스로 노력하고 있는 지금의 내 모습이 내가 생각해도 참으로 기특하다.

모르는 것들이 내 앞에 무진장 펼쳐져 있다. 생소한 것들

앞에서 두렵더라도 머뭇거리지 않아야 한다. 시작할 때는 큰 용기가 필요하다. 안전지대에 머무르지 말자고 다짐했다. 삶을 멋지고 당당하게 바꾼 한 인간의 모습이 눈앞에 그려졌다.

꿈드림센터에서 지역 단체의 후원을 받아 스키캠프를 간다고 해서 주저하지 않고 신청서를 썼다. 이번 스키캠프는 1박 2일로 진행하는데, 12명을 선정했다. 다른 지역 꿈드림센터에서는 다른 센터 청소년들과 교류하기 위해 몇 개 센터가 함께 가기도 하지만 우리 꿈드림센터는 인원이 많아서 자체 프로그램으로 진행했다.

스키장에는 오래전에 부모님과 가본 적이 있다. 그때는 스키도 제대로 배우지 않았고, 춥다는 핑계로 숙소에 들어가서 게으름을 피웠었다. 부모님하고 갔을 때는 내키지 않아서 소극적이었지만 이번에는 제대로 타보겠다고 마음먹었다. 다음번에 부모님과 함께 가게 된다면 멋지게 슬로프를 미끄러져 내려가는 모습을 보여드리고 싶다.

꿈드림센터에서 준비한 전세버스를 타고 스키장으로 향했다. 꿈드림 선생님들은 어떤 행사를 진행해도 사전에 철저히 준비한다. 우리가 즐겁고 행복한 시간을 보낼 수 있도록 모든 일정을 꼼꼼히 준비하는 선생님들이 고마웠다.

리조트에 도착한 건 점심때가 다 되어서였다. 우선 조별로 숙소에 짐을 옮긴 뒤 식당으로 이동해 점심을 먹었다. 우리는 식사를 마치고 매표소에서 대여권을 사서 스키대여소에서 장비를 받았다.

스키 강습은 예약한 일정대로 오후 2시에 진행했다. 헬멧, 고글과 장갑을 끼고 부츠를 신었다. 손에 익숙하지 않아 허둥대기도 했지만 안전을 위해서는 준비를 절대 소홀히 할 수 없었다. 진행하는 분과 선생님들이 옆에서 도와줬다.

교육장으로 이동하자 전문 강사의 교육이 시작됐다. 강사는 스키 복장부터 플레이트, 바인딩, 폴의 착용법과 사용법을 설명했다. 우리는 계속해서 스키에 관한 기본 이론, 준비운동, 스키 위에서 서는 자세, 넘어지는 법, 넘어져서 일어나는 법, A자로 미끄러지기와 브레이크 잡기 등을 배웠다.

"스키의 가장 기초 동작은 넘어지기와 일어서기입니다. 스키를 타다가 몸의 균형을 잃고 넘어지기도 하는데 이럴 때는 무리하게 버티지 말고 넘어지는 방향으로 자연스럽게 중심을 이동해야 큰 부상을 줄일 수 있습니다. 앞으로 넘어지지 않도록 하고, 넘어지지 않으려고 폴을 앞쪽에다 짚지 않아야 합니다. 우리 몸에서 가장 살이 많은 부분이 엉덩이죠? 엉덩이부터 땅에 닿도록 하면 충격을 줄일 수 있습니다."

기초 강습을 받고 리프트를 타러 갔다. 줄을 서서 기다리는데 놀이기구 탈 때처럼 긴장됐다. 리조트에는 세 개의 코스가 있었는데 우리는 초보들이 이용하는 코스로 갔다. 넓고 경사가 완만해서 초보자들이 처음 스키를 배우기에 좋았다.

스키가 어렵고 무섭다는 생각이 들 수도 있겠지만 슬로프에 나가서 제대로 배우고 연습하면 멋진 경험을 할 수 있다. 바라보지만 말고 일단 나서는 게 중요하다는 걸 알았다. 첫날 가벼운 연습만 한 다음 장비를 반납하고 숙소에 들어왔다. 아침 일찍 출발한 탓인지 피로가 몰려와 그대로 잠속으로 빨려 들었다.

2일 차 연습은 오전 10시부터 시작됐다. 리프트를 타고 슬로프로 향했다. 준비운동을 하고 어제 배운 동작을 다시 연습했다. 라이딩 전에는 스키 앞부분을 A자로 만든 후 똑바로 하강하며 제동하는 법을 연습했다. 이 훈련만 잘 받아 몸에 익히면 속도를 내며 멋지게 라이딩할 수 있다. A자 기본기만 잘해도 어느 정도 라이딩을 즐길 수 있다고 해서 나는 기본기부터 다져나갔다. 친구들의 스키 실력이 어제보다 나아진 것이 눈에 보였다. 친구들은 생각보다 더 잘 배웠고, 배운 대로 정확하게 자세를 잡고 탔다. 짧은 시간 동안 연습했는데도 금세 결과로 나타나는 것이 신기했다. 모두 중급자 정도의 수준이었다.

연습을 마치고 돌아오자 선생님들이 따뜻한 어묵탕과 음료수를 준비해서 우리를 맞았다. 스키 복장과 장비까지 갖추고 이 시간에 내가 스키장에 있다는 것이 기뻤다. 선생님들이 건네준 따뜻한 차 한 잔을 받아 마시면서 너무 행복했다.

이 소중한 시간에 나와 함께 있는 선생님과 친구들이 좋았다. 스키를 잘 타는 것보다 같이 재미있게 즐길 수 있어서 더 좋았고, 스키장의 설경을 바라보는 것도, 여기저기서 겨울을 즐기는 사람들의 활기찬 모습을 보는 것도 좋았다.

바라보기만 해도 좋을 텐데 그 속에 내가 있다는 것이 나를 들뜨게 했다. 아무 생각 없이 방관자로 있거나, 적극적인 참여자가 되거나. 선택은 내가 하는 것이다. 내 선택이 옳았는지는 나중에 알게 되겠지.

선생님이 돌아오는 버스 안에서 이렇게 말했다.

"친구들이 모두 사이좋게 지내고 아무 탈 없이 돌아갈 수 있게 되어서 기쁩니다. 지금 여러분 얼굴이 아주 밝아 보여요. 표정만 봐도 자신감 넘치네요."

선생님 말씀이 전적으로 맞다. 우리는 생기발랄한 얼굴로 서로를 바라봤다. 조화란 비슷비슷하면서도 실은 똑같지 않은 것들이 모여 균형을 이룬 것을 말한다. 그날 그 순간, 나와 내 주변의 모든 것이 조화를 이루고 있었다.

오늘 하루도 수고했어

/ 봉사활동

꿈드림센터에서 많은 것을 배우고 경험했다. 교통비나 급식 지원 같은 금전적인 혜택은 물론이고 값진 체험까지 했다. 학교 선생님처럼 가지고 있는 지식을 전수하는 사람이 배워서 남 주는 사람이다. 꿈드림센터의 좌우명도 '배워서 남 주자'다. 배워서 내 것이 되었다고 해서 내 욕심만 채우지 말고 주변을 돌아보고, 우리가 얻은 것만큼 남에게 돌려주자는 것이다. 그중 하나가 봉사활동이었다.

내가 중학교 다닐 때는 비교과 활동으로 3년간 봉사활동 60시간을 채워야 했다. 봉사활동 기준시수는 지역마다 다른데 우리 지역은 다른 지역보다 시수가 많았다. 교내 봉사활동 시간으로 인정되는 시간 외에 개인 봉사활동 시간을 채우기 위해 장소를 알아보던 때가 기억났다. 나는 이웃돕기 활동,

환경보호 활동, 캠페인 활동 등에 참여했고 마라톤대회 도우미로도 활동했다.

우리는 꿈드림센터와 업무협약이 된 유기견보호센터로 봉사활동을 갔다. 반려동물을 키우고 있는 친구들은 개나 고양이에게 친근함을 느꼈다. 그런데 나는 동물에게 가까이 가는 것을 무서워한다. 어떤 동물이든 가까이 다가오면 기겁하곤 한다. 그래서 보호센터 봉사활동은 가지 않으려고 했다. 그런데 성적에 반영하려고 의무적으로 하는 활동이 아니라 순수하게 자발적으로 참여하는 활동이고, 이웃과 나눔을 함께할 수 있는 시간이라는 생각에 함께 가기로 했다.

출발하는 날 아침, 가벼운 옷차림으로 센터에 나갔다. 보호센터 입구에 도착하자 조용하던 사육실이 개 짖는 소리로 시끄러워졌다. 자기들에게 관심을 보이는 사람이 왔는지, 아니면 자기를 데려갈 사람이 왔는지 알아보려고 짖어대는 것 같았다. 유기견이라는 말만 들어도 나는 왠지 미안했다. 한때 주인의 사랑을 받다가 이렇게 버려졌다는 사실에 가슴 아팠다.

보호센터 선생님이 오늘 해야 할 일을 알려줬다. 그리고 일을 하면서 주의해야 할 사항을 지켜달라고 아주 간곡히 당부했다. 보호센터에서는 몇 안 되는 직원들이 몇백 마리나 되는 개들을 감당하고 있었다. 다행인 것은, 우리처럼 한 번 왔다가는 봉사자들 말고도 진심을 가지고 정기적으로 봉사하러 오는 분들도 있다는 것이었다.

"이곳에는 아픈 아이들이 많아요. 동물 의료봉사활동을 와서 중성화수술과 구충제나 영양제 투여, 광견병 백신 접종, 피부병 치료 등을 해주는 분들이 있어서 큰 도움이 됩니다. 그분들이 치료할 수 있도록 주변 환경을 정리하는 일이 필요해요. 마침 오늘 오후에 의료봉사활동이 있어서 여러분의 역할이 빛을 보겠는걸요. 똥을 치우고, 우리를 청소하고, 개들을 씻기는 일도 여기서는 아주 중요합니다."

우리는 3개 조로 나누어 개집을 청소했다. 열심히 하긴 했지만, 악취가 심해서 힘들었다. 모아놓은 똥을 버리기 위해 보호센터 선생님과 남자친구 세 명이 함께 옮겨야 했다. 선생님은 청소도 중요하지만, 쓰고 나서 청소도구들을 정리하는 것도 중요하다고 했다. 청소를 마친 뒤에는 개들과 함께 놀아도 된다고 해서 개들과 놀면서 사진과 영상을 찍었다.

나는 그중에 한 마리와 대화했다. 너는 어디서 왔니? 나를 처음 보는데도 짖거나 도망가지 않고 어떻게 이렇게 애교를 떨 수 있니? 오늘 의사 선생님들이 오신다는데 아픈 데 있으면 꼭 치료받고 건강해야 해, 네가 좋은 가정으로 입양돼서 잘 살았으면 좋겠다, 내가 하는 말을 알아들었는지 그 아이는 계속 내 손을 핥았다.

친구들과 함께 놀고 있는 개들이 너무 예쁘고 사랑스러웠다. 자기를 만져달라고, 관심 가져 달라고 먼저 달려왔다. 주인 없는 아이들의 모습으로 보이지 않았다. 그러나 저마다 아픈 사연을 갖고 있다는 생각을 하니 마음이 찡했다.

그러는 가운데 차 한 대가 강아지용품을 가득 싣고 들어왔다. 남자친구 세 명이 도우러 갔다. 물건 옮기는 일이 힘을 쓰는 일이라서 남자친구들이 먼저 나서주었다. 다른 친구들은 내려놓은 물품을 정리하는 일을 도왔다.

부끄러운 고백을 하자면, 봉사활동이라는 말을 들으면 '자유의지로 스스로 나서서 하는 일'이라는 말이 떠올라야 하는데, 나는 학교에서 의무적으로 참가했던 봉사와 비자발적이라는 단어가 먼저 떠오른다. 이건 분명 잘못이다.

오늘은 점수를 따려고 하는 의무적인 봉사가 아니라서 더 보람 있고 즐거웠던 것 같다. 내가 원해서 스스로 한 것이라 더 흥이 났다. 3시간 정도의 짧은 봉사활동은 그렇게 끝났다. 나는 집으로 돌아가지만 녀석들은 예전 집을 그리워하면서 이곳에 남아 있어야 할 것이다.

봉사활동에 관심 있는 청소년들이 많다. 그러나 학교 내신 점수를 위해 하는 봉사활동에서 그치는 경우가 대부분이다. 자신의 진로와 적성에 맞는 봉사활동에 계속해서 참여할 수 있는 여건이 마련되면 좋겠다. 인성교육은 교육 시간을 따로 내서 교실에서 하는 것이 아니라고 생각한다. 이런 봉사활동을 통해서도 스스로 느끼고 감동하면서 배우게 되니까 다양한 활동과 교육이 자연스럽게 연결되면 좋겠다.

재촉도 부추김도 없는 한가함

/ 한국민속촌 문화체험

    한국민속촌은 우리나라를 대표하는 전통문화 테마파크다. 어릴 때 소풍이나 견학을 간 적이 있는데, 마침 꿈드림센터 문화체험 장소로 정해졌다. 체험 당일 날씨는 덥지도 춥지도 않았다. 이번 문화체험에 나선 친구들은 평소에도 꿈드림센터의 프로그램에도 잘 참여하는 편이었다. 같은 프로그램에 참여한 친구들도 있었고, 서로 다른 프로그램에 참여했지만 그래서 다들 자주 얼굴을 대하다 보니 신뢰가 쌓인 친구들이었다.

    우리가 입구에서 기다리는 동안 선생님들이 매표소에서 표를 끊었다. 청소년 자유이용권을 받아든 우리가 입장하자마자 타임머신이 우리를 초등학교 때 소풍 왔던 시간으로 사뿐히 데려다줬다. 많이 자랐는데도 마음은 금세 어릴 때로 돌아갔다.

점심시간에 놀이마을 근처 중식당에서 모이기로 하고 조별로 자유 관람을 하기로 했다. 나와 같은 조에 편성된 친구들은 먼저 입구에 있는 공연안내판을 확인했다. 자유롭게 관람하는 것도 좋지만 나는 농악놀이, 줄타기, 마상무예, 전통 혼례를 꼭 보고 싶었다. 특히 민속촌이 처음인 친구들도 그걸 원했고 누구도 반대하지 않았다.

주변을 두리번거리며 안쪽으로 걸어 들어가자 입구에서 얼마 떨어지지 않은 곳에 우리나라 지역별 농가와 민가, 양반집이 있었다. 사극에서 본 집들이었다. 우리는 관아, 서당, 한약방, 서낭당 앞을 걸었다. 꿈드림센터에 와서 활동한 지 얼마 안 된 지안이가 찹쌀 엿을 사서 장난치듯이 '엿 먹어라' 하며 나눠줬다. 다들 입가에 밀가루를 묻혀가며 먹는 모습이 귀여웠다.

우리는 시간표를 확인하며 몇 가지 공연을 관람했다. 실수 없이 어려운 묘기를 할 수 있기까지 그들이 얼마나 연습하고 노력했을지 감탄이 절로 나왔다. 사람들은 손뼉을 치며 환호했다.

공연이 끝나고 천천히 장터를 지나갔다. 민속촌 입구에도 음식점이 있었는데 장터는 옛 모습 그대로였다. 마치 옛날에 국밥으로 허기를 달래거나 술 한 잔 걸치며 쉬어가는 주막처럼. 장터에서 나와 민속 마을에 들렀다. 아주 오래전 선조들이 살아온 흔적을 보면서 조선 시대로 시간여행을 간 기분이었다.

　우리는 늦지 않게 중식당 앞에 도착했다. 여러 곳을 돌아다
닌 후 먹는 음식 맛은 최고였다. 분위기는 대중적이었지만 내
입에 음식 맛은 고급 음식점 못지않았다. 비록 짜장면이었지
만 만족스러웠다. 장난기 많은 지안이가 짜장면을 먹었으니
짬뽕 한 그릇 더 시켜도 되냐고 넉살을 부렸다. 선생님은 못
이기는 척, 하나를 더 시켜 주었다. 참 재미있는 친구다.

　오후 일정도 각 조별로 다니기로 했다. 우리는 먼저 근처에
있는 귀신전 앞에 줄을 섰다. 대기 줄이 길어서 기다리다가
입장했는데 10분도 안 돼서 출구에 나와 있었다. 그렇게 무섭
지는 않았다.

　그다음엔 조각공원을 산책했다. 놀이공원 옆에 미술관과
조각공원이 있었는데 찾는 사람은 많지 않은 것 같았다. 놀이
마을 한쪽에 아치형 통로가 있어서 우리는 그 길을 따라 걸어
올라갔다. 전통과 현대, 자연과 인공이 만나는 조화의 공간을
산책하면서 사진도 찍었다.

　나는 한 조각상 앞에서 발을 멈추고 작품을 한참 들여다봤
다. 프랑스 작가 오드프레이 에티엔느의 작품인 '목가의 여
인'이었다. 작품 설명은 이랬다.

　　불란서 전원의 시골 여인상이다.
　　양을 치면서 사색에 잠기고

평온히 명상을 하며 성취된 일에
행복을 느끼는 오후의 한때에
가족의 행복과 가족의 저녁 만남을 기다리는 모습이다.

　조각공원의 구불구불한 길을 따라 오르락내리락 걸으며 우리
는 작품 하나하나를 자세하게 살펴봤다. 친구들 모두 어느 순간
부터 조용히 조형물을 보고 있었다. 자기만의 방법으로 해석하
고, 조형물이 속삭이는 말에 귀를 기울이고 있는 것 같았다.
　조각공원을 내려와서 들른 곳은 세계민속관이었다. 세계민
속관 9개 동에는 세계 문화유산이 상설 전시되고 있다. 1관부
터 9관까지 안내 동선을 따라 차례차례 관람했다. 이 건물과
전시품 진열장이 꽤 오래되었다는 것을 알 수 있었다.
　이제는 옛 조상들이 살았던 집과 생활 도구를 쉽게 볼 수
없는데, 민속촌 같은 테마파크에서라도 볼 수 있다는 건 다행
이다. 민속촌에는 조상의 지혜와 슬기를 체험해볼 수 있는 곳
이 많았다. 천연염색, 멍석 짜기, 물레 돌리기, 새끼 꼬기를
체험해보지 못해서 아쉬웠다. 다음에 다시 오면 먼저 다양한
민속체험부터 해봐야겠다.
　마음의 여유를 가지고 보낸 하루는 나의 정서적인 결핍
을 충분히 채우고도 남았다. 공부하면서 느꼈던 조급함
이나 불안을 전혀 느끼지 않은, 평온한 나의 하루가 그
렇게 지나갔다.

함께 만드는 즐거움과 행복

/ 수학여행

나는 꿈드림센터에서 진행하는 다양한 문화체험 활동에 참여했다. 그 체험은 내게 크고 작은 정서적인 변화를 일으켰다. 무언가를 할까 말까 망설이면서 나에게 이득이 되는 게 뭔지를 따져보곤 했었는데, 결과적으로는 그런 망설임이 도움이 되지 않는다는 걸 알게 되었다. 뭐든 하고 나서 내게 오는 작은 변화, 그 변화가 큰 변화를 끌어내는 견인차가 된다는 것도 깨달았다. 나도 모르게 내가 조금씩 성장하고 있다는 느낌을 받았다.

문화 활동 지원 프로그램의 하나인 수학여행의 장소는 해마다 바뀐다. 강원도나 부산을 비롯한 남도, 또는 경주로 가기도 하는데 이번에는 제주도로 결정됐다. 센터에서 기준을 정해 12명을 선발했다. 수학여행, 말만 들어도 가슴이 뛴다.

고등학교 2학년 초에 자퇴한 뒤 학교 수학여행을 못 간 것이 내내 아쉬웠었다. 학교 친구들이 수학여행 때 찍은 사진을 보내줬을 때도 어디든 여행을 떠나고 싶었다.

늦은 가을날에 떠나는 2박 3일의 제주도 수학여행 공지가 게시판에 올라왔다. 담당 선생님이 수학여행 계획을 안내하고, 항공권 예매나 여행자보험 가입을 위한 일들을 챙겼다.

출발 일주일 전에 사전모임을 가졌다. 센터장님은 여행의 즐거움과 추억도 좋지만, 가장 먼저 안전한 여행이 되어야 한다고 강조했다. 여행 일정에 우리가 체험하는 코스가 많아 특히 주의가 필요했다. 선생님은 여행하면서 지켜야 할 약속을 정하고, 공항과 기내에서 지켜야 할 주의사항에 대해 안전교육을 했다.

엄마는 내가 들떠서 준비물을 제대로 못 챙기고 빠뜨릴까봐 목록을 적어두고 하나하나 확인해줬다. 드디어 떠나는 날, 우리는 이른 아침부터 센터에 모였다. 복도에 줄지어 늘어선 여행 가방을 보니 비로소 여행을 간다는 실감이 났다. 친구들이 모두 도착하자 버스가 김포공항을 향해 출발했다. 선생님들이 일사불란하게 탑승 수속을 마친 덕분에 우리는 남는 시간에 공항 이곳저곳을 돌아다니며 구경했다. 남들이 학교에 가거나 일하러 간 이 시간에 내가 공항에 있다는 것 자체가 기분이 묘했다.

탑승 안내방송이 나오기 전부터 탑승구 근처에서 기다리던 나와 친구들은 탑승이 시작되자 신이 났다. 저마다 자리에 앉아 김포공항에서 제주공항까지 한 시간 남짓을 창을 통해 보이는 하늘과 구름을 멍하니 내다봤다. 기체는 흔들림 없이 편안하게 구름 위를 날았다. 새벽부터 일어나 준비한 탓인지 졸음이 몰려와서 깜빡 잠이 들었다가 기내방송 소리에 눈을 떴다. 곧 제주공항에 도착한다는 안내였다. 바다 위를 날던 비행기의 고도가 낮아지면서 제주 상공을 날 때는 너무너무 흥분됐다. 집과 도로와 자동차가 또렷이 보이더니 곧바로 비행기가 활주로에 내려앉았다. 가슴이 마구 뛰었다. 드디어 제주공항에 도착했다. 제주라는 말만 들어도 설렜다.

수화물을 찾고 선생님이 알려준 장소에 모였다. 우리는 2박 3일 동안 우리를 태우고 다닐 버스가 있는 곳으로 이동했다. 날씨도 여행하기에 딱 좋았다. 늦은 가을인데도 춥지도 덥지도 않은, 사람을 기분 좋게 하는 날씨였다. 여행 가방을 짐칸에 넣고 버스에 올라 안전띠를 맸다.

제주공항을 빠져나오는 도로 주변은 제주를 떠나는 사람이나 이제 막 온 사람에게 묘한 느낌을 주는 곳이다. 언제 봐도 이 도로의 수목은 이국적인 풍취가 감돈다. 우리는 제주수목원 테마파크, 다이내믹 메이즈, 우도, 동문시장을 갔고, 카트와 바이크를 타는 체험도 했다. 선생님들은 숙소에서 가벼운 레크리에이션과 조별 과제를 내줘서 우리의 긴장도를 살짝 가라앉혀 주었다.

가장 기억에 남는 곳은 김녕 요트 투어다. 요트 위에서 탁 트인 수평선을 바라보면서 바람을 맞는 기분은 말로 다 할 수가 없었다. 그러나 돌고래를 보는 행운이나 선상 낚시에서 고기를 낚는 기적은 없었다.

우리가 머문 호텔의 조식은 약간 실망스러웠다. 이전에 먹어본 호텔 조식과는 달리 단체여행객을 위한 식단이었다. 점심과 저녁 식사는 일반 대중식당을 이용했다. 혼자 여행했다면 맛집을 검색해 찾아가거나 근사한 카페에서 여유를 한껏 부렸을 텐데 그러지 못했다.

그런데 마지막 날, 그간의 음식에 대한 실망을 싹 날려버리게 한 일이 벌어졌다. 숙소로 돌아오는 길에 해안가 작은 식당에서 저녁을 먹었다. 선생님이 몇 가지 찌개 메뉴 중에서 각자 먹고 싶은 것을 고르라고 했다.

나는 차돌박이 된장찌개를 주문하고 같이 주문한 네 사람과 한 테이블에 앉았다. 된장찌개 맛이 기가 막혔다. 잘 우러난 육수에 된장을 풀고 듬성듬성하게 썬 두부와 호박, 부드러운 차돌박이가 어우러져서 맵고 칼칼한 국물의 시원한 맛이 내 입에 착 감겼다. 집에서 엄마가 끓여준 된장찌개보다 더 깊은 맛이 났다. 처음에는 어른들이 좋아하는 식당으로 정했나 보다 생각했는데 찌개 맛이 누구나 좋아할 만큼 일품이었다.

친구들과 제주에서 보내는 마지막 날 밤에 같은 방을 쓰는 친구들의 이야기를 듣는 과제를 하면서 친구들의 속 깊은 사연을 들을 수 있었다. 꿈드림센터에서 함께 생활하는 친구들을 이해하게 된 시간이었다.

떠나는 아쉬움 때문인지 출발할 때의 공항 분위기는 도착했을 때와는 다른 느낌이었다. 우리는 다시 일상으로 돌아가는 관문을 서서히 통과했다. 그동안 열심히 해온 덕분인지 여러 문화체험도 재미있고 즐거웠다. 여행에서 맛본 휴식의 꿀맛은 열심히 산 사람만 알 수 있다.

파란색 꿈

남들의 시선은 개나 줘버려

/ 인식개선을 위한 UCC 공모전

영국의 극작가 조지 버나드 쇼가 말했다.

"세상에는 모범생과 문제아가 있다. 모범생은 환경에 잘 적응한다. 그렇지만 문제아는 자신에게 맞게 환경을 바꾸려 한다. 모든 혁신은 문제아들이 일으킨다."

어른들이 시키는 대로 말 잘 듣고 공부 잘하는 모범생들은 그들대로 잘하고 있다. 반면에 학교가 아닌 학교 밖을 선택한 친구들 역시 자신들의 환경에 맞춰가고 있다.

내가 자퇴한 이유를 학교에서는 뭐라고 할지 궁금하다. 혹시 '학교 부적응자'로 낙인찍혀 있을지도 모르겠다. 나를 학교 부적응자라고 부른들 딱히 항변할 수도, 설명하기도 어렵다. 내가 자퇴한 데는 학교의 잘못도 사회의 잘못도 없다.

단지 학교에 부적응한 나의 문제일 뿐이다. 자퇴생들은 자신들에게 오는 사회적 시선이 곱지 않다는 것을 학교를 그만 두자마자 곧바로 체감한다. 정도의 차이는 있겠지만 나 역시 거기서 자유롭지 못하다. 학교 밖 청소년에 대한 부정적인 인식은 여전하니까.

얼마간의 시간이 흐르고 나서 나는 세상이 뭐라고 비웃든 그것은 그 사람들의 몫이라고 생각하고 마음에 두지 않기로 마음먹었다. 제대로 이해하지 못하는 사람들의 의식과 태도까지 내가 비난할 수는 없으니까. 그들은 그저 그들의 시각으로 바라보는 것이니 그대로 인정해 줄 뿐이다. 그러나 요즘은 시각이 많이 달라졌다. 그런데도 그런 줄 모르고 예전에 알던 것이 전부인 양 오해하는 것은 답답하다.

꿈드림센터에서는 선생님들이 '아웃리치'를 자주 한다. 아웃리치를 통해 학교 밖 청소년을 발굴하려는 목적도 있지만, 학교 밖 청소년에 대한 부정적인 인식을 개선하려는 노력이다. 학교 밖 청소년 지원센터와 학교 밖 청소년을 제대로 알게 된다면 오해와 편견과 부정적인 인식이 바뀔 것으로 기대하면서 계속 아웃리치를 하는 것이다.

아웃리치를 할 때 선생님들이 우리도 데려갈 때가 있다.

우리는 아웃리치 때 줄 기념품을 만들고, 포장하고, 현장에서 함께 목소리를 낸다. 사람들은 따뜻한 마음으로 우리 행사에 참여한다. 기웃거리던 청소년들도 우리와 함께 얘기를 나누고나면 꿈드림센터에 한번 가보겠다고 약속한다.

오전 프로그램을 마치고 점심 먹으러 가면서 선생님에게 학교 밖 청소년 인식개선 UCC 공모전에 대해 들었다. 나는 평소에 인식개선이 얼마나 절실한지를 알고 있어서 공모전에 참가하기로 했다.

공모전에 참여할 친구들을 모으는 데는 선생님들의 도움을 받았다. 각자 참여하는 프로그램이 달라 함께 만나는 날이 많지 않아서 일일이 전화해서 모이게 했다. 연락을 받고 온 친구들과 휴게실에 모여서 공모전 마감일을 기준으로 일정을 짜고, 각자 맡을 일을 정했다.

다양한 비디오 프로그램을 잘 조작하는 재진이는 영상편집을, 노래 부르기와 음원 제작을 잘하는 은진이는 음향을, 글쓰기를 좋아해 블로그에 글을 올리고 있는 은정 언니는 시나리오와 콘티를 짜고, 사진 찍기를 좋아하는 민석이는 사진과 영상 촬영을 맡았다. 가수나 배우 지망생으로 연예인이라고 자칭하는 하민이와 지현, 수민, 주혁, 선아, 그리고 내가 배역을 맡았다. 모두 자신의 능력을 충분히 발휘할 기회를 얻은 것이다. 이 모든 부분을 총괄하는 연출은 은정 언니가 맡기로 했다. 은정 언니는 단톡방을 만들어 공모전에 작품을 낼 때까지 모든 일정과 내용을 공유하기로 했다.

"연출을 맡은 박은정입니다. 우리가 UCC를 만들기 전에 한 가지 알아두어야 할 게 있습니다. 우리가 왜 UCC 공모전에 참여하는지는 알고 있죠? 우리들을 보는 사회의 인식을 개선하려는 거죠. 그러나 저는 부정적인 인식이 여전하니 개선해야 한다기보다는 꿈드림센터 프로그램에 참여한 학교 밖 청소년들이 밝게 지내는 모습을 보여주고 싶어요. 예전과는 다르게 좋아진 점을 강조하는 영상을 만들었으면 합니다. 꿈드림센터를 가장 잘 표현하고, 다른 청소년 시설과 차별되는 주제로 승부를 걸어보면 어떨까요?"

모두가 은정 언니의 제작 취지에 공감하고 환호했다. 언니는 팀원들에게 계속해서 일정대로 노력해 달라고 당부했다.

"우리 팀원들 모두 각자 맡은 역할이 있습니다. 내가 이번 주까지 시나리오와 콘티를 완성하겠습니다. 그 다음에 회의를 열어 여러분들의 의견을 듣고, 그걸 기반으로 촬영하고 편집하기로 하겠습니다."

그날 회의에서 정해진 몇 가지 안건이 더 있었다.

첫째, 심사위원의 눈에 확 띄는 작품을 만들 것, 형식도 중요하고 내용도 중요하니 너무 CG에 의존하거나 한쪽으로 치우치지 않도록 할 것

둘째, 내용이 너무 어렵지 않을 것. 누가 봐도 쉽게 이해되도록 할 것. 특히 청소년들의 공감을 불러일으킬 것

셋째, 전체 영상이 무겁지도 가볍지도 않게 할 것. 대사가 너무 많으면 집중력을 떨어뜨릴 수 있으니 적절하게 영상과 CG를 섞어서 효과를 줄 것

넷째, UCC에 삽입할 음악은 우리가 직접 만들어서 사용할 것. 저작권 문제는 민감한 사안이니 은진이가 직접 효과음을 만들 것.

많은 사람이 모여 역할대로 진행하기가 쉽지 않았는데도 어디서 에너지가 나왔는지 모두 열심히 잘해줬다. 이 친구들이 언제 이런 재능을 갖추게 되었는지 놀라웠다.

은정 언니의 시나리오와 콘티가 통과됐고, 배역을 맡은 친구들은 배우 못지않게 온 힘을 기울여 연기했다. 친구들이 민석이가 촬영하는 데 보조도 잘해줬고 화면을 돌려가며 영상을 확인했다. 재진이가 편집하면서 은진이가 만든 배경음악을 적절히 넣었다. 드디어 영상편집을 마치고 꿈드림 선생님들과 제작팀이 모두 참석한 가운데 시연했다.

시연이 끝나자 센터장님이 우리를 격려했다.

"선생님들은 그저 여러분이 팀을 만들 수 있도록 참가자 모집만 했고 그다음부터는 여러분이 모두 진행했습니다. 주제를 정하고, 담당 역할을 정하고, 일정에 맞춰 촬영하고, 편집 작업을 한 것도 다 여러분입니다. 오늘 이렇게 시연을 하기까지 고생한 여러분들에게 박수를 보냅니다. 여러분이 학교 밖으로 발을 내디딜 때는 세상이 낯설고 걱정스러웠겠지만, 이제 이렇게 평화롭고 행복하고 안정적인 길에 그 첫걸음을 내디뎠습니다. 모두의 수고가 이 한편의 영상에 고스란히 담겨 있다는 걸 느낍니다."

UCC를 어떻게 제작할까 고민하던 순간부터 작품을 완성하기까지의 과정이 빠르게 내 머릿속을 지나갔다. 모두가 원하는 영상을 만든다는 것이 쉬운 일은 아니었다. 보잘것없어 보였던 한 사람 한 사람의 능력이 여러 사람의 손을 거쳐 위대한 작품이 됐다. 그것을 직접 내 눈으로 확인했다. 과연 해낼 수 있을까 하는 의심도 하지 않았지만, 분명히 나와 내 친구들은 다른 청소년들과 다르지 않은 결과를 이뤄냈다. 정말 멋진 날이었다.

세상에서 가장 소중한 걸 찾았어

/ 가족여행 사진 공모전

꿈드림센터에서 오전 프로그램을 끝내고 친구들과 함께 점심을 먹었다. 오후에는 프로그램이 없어서 일찍 도서관으로 향했다. 도서관은 집으로 가는 길에 있어서 버스에서 내려 어렵지 않게 갈 수 있다.

도서관은 꿈드림센터를 제외하면 내가 편하게 머물 수 있는 유일한 공간이다. 잘 정돈된 많은 책과 깔끔하고 안정적인 인테리어에서 받는 위안과 즐거움은 행복 그 자체다. 1층 어린이 열람실을 지날 때면 어렸을 때 엄마와 그림책, 동화책을 읽었던 기억이 나곤 한다.

2층으로 올라가는 계단에는 세계적으로 유명한 작가의 명화가 걸려 있다. 우리가 잘 아는 모네, 밀레, 고흐의 그림들이다. 자료실에서 잡지와 신간 서적을 뒤적거리다가 장서로 가서 책을 골랐다. 나는 책을 고르는 시간이나, 괜찮은 책 한 권을 골라 읽는 데 몰입하는 시간이 가장 즐겁다. 나에게 도서관은 공부하는 곳이자 노는 공간이다. 또 책을 읽다가 생각하고, 상상하고, 메모하고, 멍하게 있을 수 있는 공간이기도 하다.

잠깐 눈을 감고 있는데 휴대폰 메시지가 들어왔다. 꿈드림센터에서 온 것이었다. 한 달간 가족과 함께 여행지에서 찍은 인증사진과 사진 설명 글을 적어 보내면 상품을 준다는 이벤트 알림이었다. 나는 이벤트의 의도가 엿보여서 피식 웃음이 났다. 꿈드림센터에서는 다양한 이벤트를 한다. 센터에 관한 관심과 프로그램 참여도를 높이려는 방법이다. 선생님들이 좋은 뜻으로 진행하는 일이니 어떤 사진을 내볼까 궁리했다. 여행지 검색을 해봤지만 선뜻 고를 수가 없었다.

문득 '도서관에서의 하루'는 어떨까 하는 생각이 들었다. 가족이 함께 도서관 나들이를 하는 것이다. 책을 읽고 구내식당에서 점심을 먹은 후 매점 옆에 있는 노상 카페에서 커피를 마시는 장면도 꽤 신선할 것 같았다. 굳이 먼 곳까지 여행을 가서 사진을 찍을 필요는 없지 않은가.

나는 디지털 자료실로 가서 도서관에 관한 자료를 좀 더 찾아봤다. 다양하고 이색적인 도서관들이 눈에 띄었다. 특히 현대카드 라이브러리가 인상적이었다. 서울 강남구 신사동에 있는 쿠킹 라이브러리(Cooking Library)는 책과 요리가 만

나는 곳이었다. 요리에 관한 책만 1만 여권이 있어서 책을 읽으면서 음식을 즐길 수 있고, 자기가 직접 요리도 하고 식사도 할 수 있다. 책과 음식을 눈으로 보고, 손으로 느끼고, 소리를 듣고, 냄새를 맡고, 끝내 맛볼 수도 있는 오감 체험장이었다.

현대카드의 디자인 라이브러리, 트래블 라이브러리, 뮤직 라이브러리, 쿠킹 라이브러리는 내가 알고 있던 도서관의 이미지를 바꾸어 놓았다. 학생과 수험생들이 자리 잡은 공부방이 아니라 독특한 문화 공간으로 활용되고 있는 이런 도서관은 처음이었다. 경기도 파주에 있는 '지혜의 숲'의 어마어마한 규모에 놀란 적이 있다. 우리나라 도서관이 다채로운 모습으로 바뀌고 있다는 것을 느꼈다. 이제 도서관은 책을 읽거나 공부를 하는 곳만이 아니라 다양한 것을 즐길 수 있는 차별화된 공간으로 진화해가고 있다.

아빠 엄마에게 이벤트 메시지를 보여드리고 우리나라의 이색적인 도서관에 대해 말씀드렸더니 그런 도서관이 있는 줄 몰랐다고 시간을 내서 한 번 다녀오자고 했다. 가족이 함께 여행을 가기가 쉽지 않으니 일부러라도 이런 이벤트를 자주 하면 좋을 것 같다. 아빠 엄마가 기꺼이 시간을 내준 것이 고마웠다.

우리 가족이 트래블 라이브러리를 찾은 것은 주말이어서 복잡할 거라고 예상은 했지만 실제로 사람이 많았다. 우리는

1층 카페에서 만나기로 하고 흩어졌다. 잠시나마 책을 통해 각자 가고 싶은 여행지로 떠나보자는 의도였다. 이 도서관에는 현대카드 회원만 들어갈 수 있게 되어 있어서 회원은 전 층을 갈 수 있지만, 비회원은 1층만 이용할 수 있다.

1.5층과 2층을 구경하면서 잠시 도서관인지 서점인지 공항인지 착각할 정도였다. 우리나라 책은 물론이고 세계 각국의 책들이 책장에 빼곡했다. 은은하고 따뜻한 조명 아래 곳곳에 편안하게 앉아 책을 볼 수 있도록 소파와 테이블도 놓여 있었다. 사람이 많아서 빈자리가 없었다. 다들 앉아서 책을 보거나 여행계획을 세우는 것 같았다.

일단 이곳에 들어서면 여행을 떠나지 않고는 배기지 못하게 해놓았다. 지구본이나 인천공항 출발시간표처럼 탑승 수속을 알리는 전광판, 세계 각지의 지도, 천장에 매달린 수많은 비행기 모형들을 보면 괜히 나도 마치 여행을 앞두고 여행을 준비하는 사람처럼 설렘과 기대감으로 들뜨게 된다. 여기 있는 사람 모두 그럴 것이다.

시간 맞춰 1층 약속장소로 내려가서 아빠와 엄마를 만났다. 도서관을 떠나기 전에 우리는 미리 봐두었던 곳에서 인증사진을 찍었다.

엄마가 모처럼 남이 해준 밥을 먹고 싶다고 해서 나가서 점심을 먹기로 했다. 도서관 밖으로 나오니 벌써 몇몇 식당 앞에는 사람들이 줄을 서서 차례를 기다리고 있었다. 우리는 복잡한 그곳을 떠나 얼마쯤 걸어서 붐비지 않는 골목 안쪽 순댓국밥집으로 들어갔다. 내 과제를 위해 엄마 아빠가 동행해준 것이 고마웠다. 오랜만에 먹어보는 순댓국도 아주 맛있었다.

책 읽기의 즐거움

/ 독후감 쓰기 대회

우리 꿈드림센터 도서실이 얼마 전에 새단장을 했다. 1,000여 권이 넘는 책과 태블릿 PC, 그리고 모바일 기기와 연동해 조작할 수 있는 전자칠판이 설치되었다. 내가 꿈드림센터에 있을 때는 그 공간에서 무엇을 하든 거기 있는 것을 좋아했다. 집 근처 시립도서관에도 자주 가지만 꿈드림센터 프로그램이 없는 날은 거기서 책을 읽거나 스마트폰으로 게임을 했다. 도서실 안의 안정감 있고 편안한 분위기가 좋았다.

게시판에 이벤트 알림 공지가 붙었다. 독후감 대회에 관한 내용이었다. 도서실에 책도 있고, 대출·반납 시스템도 갖춰져 있으니 우리는 책만 읽으면 되는 것이었다. 책을 읽는 이가 많지 않아 책 읽기를 장려하려는 의도였을 것이다.

나는 독후감을 쓰기에도 적당하고 호감이 가는 책을 찾아보다가 서재에서 한 권의 책을 발견했다. 제목도 자극적이었지만 '나는 모든 것을 걸고 최후의 도박을 시작했다!'라는 표지에 적힌 글을 보고 강한 호기심에 이끌렸다. 「스물아홉 생일, 1년 후 죽기로 결심했다」였다.

스물아홉 생일, 1년 후 죽기로 결심했다
하야마 아마리
스물아홉 살,
3평짜리 원룸에서 혼자 조각 케이크에 촛불 하나 올려놓고
아무도 축하해 주지 않는 셀프 축하.
3개월마다 직장이 바뀌는 파견사원이어서도 아니고
케이크 위에 얹힌 딸기 하나를 먹으려다
떨어져 바닥에 뒹구는 걸 집어 들었을 때
딸기에 붙어 있는 머리카락 한 올.
서른 즈음의 외톨박이 아가씨는
싱크대에 쌓인 설거지 더미를 내버려 둔 채
그 딸기를 먹겠다고 씻고 있는 자신의 모습에
그만 울음을 터트리고 맙니다.

엉뚱한 발상으로 선택한 나름 괜찮은 대학 입학과 대학 생활,
결혼을 염두에 두고 만난 남자친구의 이별 선언,
뇌경색으로 쓰러져 돌봐야 하는 아버지,

복잡한 현실에서 도피하고 싶어 매달린 일,

그 일마저 끝나고 돌아온 평범하고 무력한 일상,

스트레스를 배출하기 위해 먹어댄 후 70킬로그램으로 찐 살,

비대해진 사람을 써주지 않아 구해지지 않는 일자리,

그 이후로 3개월마다 철새처럼 옮겨 다니는 신세,

못생긴 얼굴에 70킬로그램이 넘는 서른 문턱의 패배자.

내가 죽으면 나를 이해해 줄 사람이 있을까?

칼을 쥔 오른손이 떨리며 칼을 손목에 갖다 댑니다.

그러나 무서워서, 죽을 용기가 없어서, 칼을 다시 내려놓습니다.

죽으려고 마음먹을 때 옆에 켜놓은 TV 브라운관에 비친

라스베이거스의 화려한 세상.

마음속에 불타는 그 설렘, 욕망.

'라스베이거스에서의 단 하루를 위해

1년 동안 죽을 각오로 돈을 벌자.'

그렇게 목표를 정하고 계획을 세운 뒤

그 돈을 마련하기 위해 클럽 호스티스와 누드모델

일에 매달립니다.

절대적인 목표가 있으니 그 목표를 향한 질주와 노력이 이어지고

예전에 가지고 있던 나약함이나 고독은 저만치 사리지고
라스베이거스나 카지노에 관한 책을
닥치는 대로 읽게 되었고,
틈만 나면 최신 정보를 조사하고
라스베이거스 여행을 위해 영어 회화도 시작했고,
트럼프를 갖고 다니며 카지노 게임 연습으로
밤을 새우기도 합니다.
자격증 시험 공부도 하면서 차곡차곡
라스베이거스에 가기 위한 준비를 해나갑니다.

그러면서 자신이 낮에 근무하는 회사의 K사장이 클럽에 찾아와
멋진 애프터도하게 되었고,
L사장과의 특별한 상류사회 체험도
그녀를 안주하게 하지 않고 도달할 목표 지점을 향해
계속 걸어갈 수 있게 해주었습니다.

그러다가 동창회에 나갔는데
안정적인 직장, 자녀 양육비, 학비, 주택 대출금 등
끼어들 틈도 없는 얘기를 나누는 친구들을 피해
따로 만난 친구 미나코.
이때 자신은 죽음의 의식으로 생각하고 있었던 라스베이거스를
삶의 출발점으로 생각하는 미나코 덕분에

자신을 훨씬 더 괜찮은 존재로, 격상된 존재로 볼 수 있었고,
삶을 다르게 보게 되었습니다.

'해봐, 저질러 봐! 포기한다면 죽어서도 후회할 거야.'

드디어
서른의 생일을 맞기 며칠 전
일 년 동안 준비한 대로 라스베이거스로 날아가
카지노에서 마지막 승부를 겁니다.

거기서의 깨달음.
서른 살 첫날, 그녀가 받은 선물은 '생명'이었습니다.

비참한 생활에서 자신을 비관하며 어둠으로 들어가지 않고
자신이 정해 놓은 목표와 계획을 추진하면서
살기 위한 동력을 얻게 되었고,
그 동력은 또 다른 삶의 원천이 되었습니다.

10대인 나.
가볍게 손에 들었으나 절대 가볍지 않은 책,
교훈을 준 저자에게 감사드립니다.

요리보다 맛있는 가족의 행복

/ 가족 요리경연대회 인증 공모전

사람은 저마다 생각도, 성격도 다르다. 아무리 가족이라도 서로 존중해줘야 할 영역이 있는데, 가깝다 보니 그것에 소홀해지기 쉬워서 오히려 가족에게 더 상처받을 때가 있다. 청소년 기관에서는 청소년이 중심이긴 해도 가족의 역할 역시 절대 가볍게 보지 않는다. 그래서 가족관계를 회복하기 위한 노력도 함께 하고 있다.

꿈드림센터에서 가족관계 회복 프로그램의 하나로 가족 요리경연대회를 열었다. 온 가족이 함께 요리하면서 서로를 이해하고 더욱 가까워지는 시간을 갖게 하기 위한 행사였다. 나는 꿈드림센터에서 가족과 함께하는 사진 공모전이나 가족 요리경연대회를 여는 취지에 공감한다. 학교 밖 청소년은 가족이나 주변 사람들과 떨어져서 심리적으로 외로움을 느낄 때가 많다. 따라서 이런 프로그램을 통해 가족이 옆에 있다는 것을 깨닫고, 가족의 소중함을 생각해보면 좋겠다.

저녁을 먹고 나서 엄마 아빠에게 꿈드림센터에서 가족 요리경연대회를 한다고 말씀드리고 어떤 요리를 할지 함께 의논했다. 아빠는 만두 버섯전골을, 엄마는 구절판을 하자고 했다. 난 우연히 유튜브에서 본 밀푀유나베가 어떠냐고 했다.

밀푀유는 프랑스어로 천 겹의 잎사귀라는 뜻이고, 나베는 일본어로 냄비라는 뜻이다. 여러 겹의 채소를 겹겹이 둘러놓고 사이사이에 얇은 고기를 넣어 냄비에 끓여 먹는 음식인데, 요리 사진이 아주 예쁘게 나올 것 같았다.

엄마 아빠도 밀푀유나베가 괜찮겠다고 했다. 요리 사진 아래 맛있다는 댓글이 많이 달린 것도 봤다. 우리 가족은 만장일치로 밀푀유나베 요리를 하기로 했다. 멀지 않은 거리에 대형 할인점이 있지만 나는 모처럼 시장 구경을 하고 싶었다. 우리는 주말 오후에 가까운 전통시장을 찾았다.

시장 골목에 들어서자 과일, 채소, 생선, 정육, 건어물 가게와 방앗간, 옷가게, 빵집, 떡집이 있었다. 입구에서부터 고소하고 달콤한 냄새로 가득했다. 각양각색의 감칠맛 나는 반찬을 파는 반찬가게도 두 곳이나 있었다. 우리는 순대, 튀김, 어묵, 떡볶이, 김밥을 파는 가게 앞에서 걸음을 멈췄다. 맛있는 유혹이 우리를 붙들어 그냥 지나칠 수 없었다. 우리는 말 없이 눈으로 서로의 마음을 읽고 안으로 들어가서 이것저것을 섞어 주문했다. 음식을 눈으로 먹고, 여유로움과 즐거움으로 먹고, 분위기로 먹었다. 언젠가 들어본 소소하지만 확실한 행복이라는 말이 떠올랐다.

먼저 정육점에서 샤브샤브용 소고기를 사고 채소 가게로 갔다. 알배추와 깻잎, 청경채, 표고버섯, 느타리버섯, 팽이버섯을 샀다. 부모님과 함께 장을 보는 기분이 좋았다. 가격을 물어보고 양을 따져보고 돈을 건넸다. 우리 세 사람이 양손에 가득 여러 가지 재료를 들고 집에 돌아왔다.

엄마는 국물용 멸치와 건새우, 다시마, 무로 육수를 준비했고 아빠는 채소들을 깨끗이 씻었다. 재료 준비를 끝내고 식탁 위에 펼쳐진 재료들을 보니 아름답고 화려한 색감만으로도 군침이 돌았다. 어떤 맛이 날지 궁금하고 기대됐다.

나는 엄마가 밀푀유나베 만드는 과정을 사진으로 남겼다. 엄마는 배추, 깻잎, 고기 순으로 두 겹 세 겹 쌓아서 전골냄비에 담았다. 냄비 가운데에는 꽃 모양으로 청경채와 느타리버섯, 표고버섯, 팽이버섯을 올렸다. 표고버섯도 가운데 부분에 홈을 파서 꽃 모양을 냈다. 채소와 고기를 일정하게 놓아야 예쁜 모양을 낼 수 있다. 엄마는 미리 만들어 놓은 육수를 냄비에 두르고 끓였다. 음식이 끓는 동안 엄마는 간장과 레몬즙, 올리고당, 물을 섞어서 소스를 만들었다. 칠리소스도 준비했다.

식탁 위 인덕션레인지로 냄비를 옮기고 저녁 먹을 준비를 했다. 배추, 깻잎, 고기, 버섯까지 올려서 간장 소스와 칠리 소스에 콕 찍어서 먹었다. 한 입 먹었는데 감탄이 절로 나왔다. 입과 눈이 즐거운 시간이었다. 남은 국물에 국수사리까지 넣어서 끓여 먹었다. 밀푀유나베는 재료 준비와 손질이 관건이다.

"엄마 아빠, 드릴 게 있어요. 시장 갔다 오는 길에 고양이 캐릭터가 있는 발목 양말을 샀어요."

아빠가 양말을 보고 이런 걸 어떻게 신냐고 하면서도 신어보고는 좋아했다. 엄마도 신어보고 예쁘다고 웃었다. 작고 별 것 아닌 것을 받고 좋아하는 엄마 아빠를 보니 나도 기뻤다. 오늘은 당연하게 생각했던 엄마의 고마움을 알 수 있었고, 평소와 다른 아빠의 모습도 봤다. 나의 작은 손길도 도움이 돼서 뿌듯했다.

오늘 나는 시장에서 행복을 샀고, 음식을 만들면서 사랑을 봤고, 가족과 저녁을 먹으면서 온기를 느꼈다. 나는 이 모든 과정을 찍은 사진을 정리하고 느낌을 적어 넣었다.

남색
꿈

꿈을 그리다

/ 한국잡월드 직업체험

꿈드림센터를 이용하면 진로나 직업 관련 여러 가지 프로그램에 참여할 수 있다. 그런데 시설을 이용하지 않는 청소년은 진로 준비에 어려움이 많을 것이다. 학교 밖 청소년들은 학교를 벗어나 공적 지원을 받지 못하니, 이들이 체계적으로 진로를 준비해 갈 수 있도록 지원할 필요가 있다. 나도 혼자 집에만 있었다면 진로에 관한 정보를 접하거나 프로그램에 참여할 수 없었을 것이다. 다행히 꿈드림센터에서 관련 프로그램을 안내해주고 있으니 많은 청소년이 도움을 받으면 좋겠다.

지역마다 다르겠지만 내일이룸학교 연계, 취업성공패키지에 의한 취업 지원 서비스, 직장체험(인턴), 직업역량 강화 프로그램, 진로직업체험 프로그램, 한국잡월드 체험 등 학교 밖 청소년들에게 직업체험의 기회를 주기 위해 마련된 다양한 프로그램에 참여할 수 있다.

그 과정에서 내가 무엇을 좋아하는지도 알 수 있을 것 같았다. 적성에 맞는 진로를 찾고 미래를 설계하도록 다양한 지원을 아끼지 않는 꿈드림센터는 현재로서는 내가 믿고 의지하는 유일한 곳이다. 나는 적극적으로 진로직업 관련 프로그램에 참여했다. 그중 하나가 한국잡월드 견학이었다. 선생님이 먼저 참여자들을 대상으로 워크넷 직업심리검사를 실시했다. 그 결과와 자신의 흥미에 따라 각자 체험실을 선택했다.

선생님이 참가 청소년들의 희망 체험실을 조사해 단체예약을 했다. 단체예약은 선착순이었다. 꿈드림센터에서는 평일 예약을 했기 때문에 각자 원하는 체험을 하는 데 문제가 없었다. 개인적으로 현장에 가서 당일 발권을 할 수도 있지만, 그 날그날 예매 현황이 매우 달라서 미리 예약하는 것이 좋다. 우리는 하루에 체험할 수 있는 5회차 중 3~4개 회차를 선택했다.

평일이었지만 단체로 온 어린이와 중학생도 있었다. 표를 받은 뒤 청소년체험관이 있는 3층으로 올라갔다. 잡월드에 입장할 때는 시간표와 체험관 안내도를 받는다. 인기 있는 체험은 금방 자리가 차기 때문에 시간표를 보고 일정을 잘 짜야 내가 원하는 체험을 원활하게 할 수 있다. 시간에 맞게 동선을 잘 고려한다면 허투루 보내는 시간 없이 체험할 수 있다.

같은 버스를 타고 왔지만, 관심과 흥미가 달라서 친구들은 마치 이별이라도 하는 것처럼 손을 흔들며 각자 체험실로 흩어졌다. 내가 선택한 건 미래환경연구센터, 미술치료실, 패션디자인실, 방송국이었다.

요즘은 날씨가 예년과는 너무 다르다. 이상기후 현상이 빠르게 진행되고 있다. 일기예보를 확인해도 종잡을 수 없이 달라지는 날씨 때문에 맥없이 당하는 날이 많다. 그래서 지구온난화와 환경 문제에 대책을 제시하는 환경 분야 전문가 역할을 해보고 싶었다.

또 친구들을 보면서 자퇴하면서 겪었을 고통과 학교 밖 청소년으로 지내는 심정이 어떨까 하는 생각을 자주 했다. 그래서 미술 활동으로 사람의 아픔을 어루만지고 치유하는 미술치료사를 체험해보고 싶었다. 그림 검사와 상담을 통해 내담자의 심리상태를 파악해 보는 과제도 해봤다. 사람의 마음을 치료하는 미술치료나 언어치료, 작업치료, 음악치료, 모래놀이 치료 등 다양한 심리치료 프로그램이 있다는 것도 알게 되었다.

이어서 패션디자이너 체험도 해봤다. 기본 바디 샘플의 스타일을 선택해 원본 스타일을 조정하고 소품을 제작하는 패션디자이너 체험이었다. 나는 이 체험을 통해 패션디자이너나 모델을 해보는 것도 좋겠다고 생각했다.

방송국에서는 6가지 직종을 체험할 수 있다. 역할별로 업무 실습을 하고 리허설을 거쳐 최종 뉴스를 제작했다. 방송국 안에서 각자 맡은 분야별로 진지하게 선생님의 안내에 따랐다. 아나운서 역할을 맡은 친구가 뉴스를 진행할 때 그 모습이 화면에 나왔다. 실제 TV에서 진행되는 뉴스와 같았다. 뉴스를 내보내기 전에는 아나운서나 기자가 준비하고, 기술팀이 음향과 영상을 맡는다. 나는 처음 보는 기계를 만지작거리며 엔지니어가 되는 모습을 상상해봤다. 체험을 마칠 때 방송국을 담당하는 선생님이 이렇게 말했다.

"오늘 체험 어땠어요? 방송국 체험 하나만을 보더라도 자신의 성격과 흥미에 따라 좋아하는 분야가 다르고 선택할 수 있는 직업도 다르다고 생각했죠? 카메라 감독, 영상 디렉터, 음향 엔지니어는 예술형 타입에게 적합하고, 아나운서, 기상 캐스터, 기자는 현실형 또는 진취형 타입에게 적합합니다. 미리 자신의 성향에 따라 배역을 맡은 게 아니라 이 체험실에 들어와서 맡았기 때문에 자신의 역할이 맞는 사람도 있고 그렇지 않은 사람도 있었을 겁니다."

나는 검사 결과가 예술형으로 나왔지만 예술적 감각이 뛰어난 것은 아니다. 또 기술이 접목된 분야에서는 이해가 느리다. 진로를 선택하는 데는 아직도 고려해야 할 것이 많다는 것을 깨달았다.

꿈드림센터에서는 학교 밖 청소년의 진로교육을 위해 다양한 프로그램을 운영하고 있다. 비록 그것이 직접 취업으로 연계되지는 않아도 자신의 미래를 설계하고 준비하는 데는 많은 도움이 되는 것 같다.

내 소개서에는 내가 있어야 한다

/ 직업역량 강화 프로그램(직장체험)

나는 자퇴계획서에 쓴 대로 검정고시를 치고 대학에 진학하려고 한다. 그러나 자퇴 시기와 첫 검정고시 응시 기간이 맞지 않아 곧바로 시험을 치지는 못했다. 그래서 지금은 공부보다 다양한 경험을 하는 데 중점을 두고 있다. 지금까지 꿈드림센터에서 진행하는 프로그램에 열심히 참여하면서 자신감을 가지게 됐고, 내가 어디에 관심과 흥미가 있는지 내가 뭘 잘하고 못하는지 조금은 알게 됐다.

직업역량 강화 프로그램은 학교 밖 청소년에게 다양한 직업체험 기회를 제공해 직업을 정하는 데 도움을 주고, 자립의 동기도 만들어주고, 취업 의지를 심어주기 위해 진행하는 프로그램이다. 내가 꿈드림센터에 와서 처음 참여했던 두드림 프로그램에 이어 나를 부쩍 성장하게 한 프로그램 중 하나다.

아직은 내 꿈이 뭔지 나도 잘 모르니까 여러 가지를 해봐야 알 수 있을 것 같아서 지원했다.

학교를 자퇴하고 혼자서도 잘할 수 있을 만큼 세상은 호락호락하지 않다. 또래 친구들이 그 시기에 하는 것만큼 내가 내 길을 잘 찾아가기 위해서는 많은 정보가 필요하다. 특히 학업이나 진로, 직업은 더더욱 게을리할 수 없는 중요한 영역이다.

직업역량 강화 프로그램은 총 151시간 이상의 과정으로 구성되어 있고, 1단계에서 4단계까지 긴 필수과정을 수료해야 한다. 그래서 많은 친구가 이 프로그램을 시작했다가 중도에 포기했다고 한다. 이 프로그램은 1단계 진로상담 및 진로적성검사 1시간, 2단계 자립 동기부여 20시간, 3단계 기초기술훈련 30시간, 4단계 직장체험 100시간, 그리고 마지막으로 전문 직업훈련 및 취업 연계 과정으로 구성되어 있다.

4단계 직장체험은 각 지역 꿈드림센터마다 가는 곳이 다를 수 있다. 주로 네일아트숍, 카페, 제과점, 공공기관, IT업체, 체육시설, 청소년 관련 시설이나 기관, 꽃집 등에서 직장체험을 한다.

직장체험 사업장에 대해서는 우리가 염려하지 않아도 된다. 꿈드림센터에서 일정한 선정조건에 따라 발굴하고 관리하기 때문이다. 청소년의 근로권익을 보장하고, 자신의 영리보다는 사회적 가치를 추구하는 곳들을 선정해서 청소년들이 배우고 일하기에 적합하다.

나는 취업으로 연계되는 5단계는 생각하지 않고 4단계까지만이라도 수료하겠다는 목표로 시작했다. 올해 선정된 사업장은 카페와 네일아트숍인데, 나는 카페에서 일하기로 했다. 커피가 좋다거나 카페에서 일해보고 싶어서 지원한 것은 아니었다. 직업역량 과정을 밟으면서 포기하지 않고 노력하는 마음가짐을 확인하고, 나에게 필요한 것이 무엇인지를 준비과정에서 배울 수 있을 것 같았다.

이 프로그램을 마치는 데는 3~4개월 정도가 걸린다. 1단계부터 순서대로 진행되는데, 나는 두드림 프로그램을 이수해서 곧바로 3단계로 연계될 수 있었다. 3단계는 기초기술훈련 단계다. 이 단계에서는 하루 4시간 이내, 30시간 이상 훈련 분야별 기초기술을 습득한다.

많은 시간이 걸리는 3단계부터는 탈락할 확률이 높다. 그래서 꿈드림센터에서 중도 탈락하지 않도록 생활 관리 프로그램을 운영하고 있다. 생활 관리 프로그램에는 생활습관 개선, 직장예절 교육을 통한 직장생활 적응, 식습관 개선 등이 있고, 인문학 프로그램으로 인문학적 소양을 갖출 수 있도록 지원한다. 3단계를 이수하면 훈련 참여 지원비가 지급되고, 4단계를 모두 이수하면 취업 촉진 장려금도 받을 수 있다.

카페 사장님에게 우선 영업 시작 전에 준비해야 할 사항과 영업 마감 후 청소와 정리 정돈하는 방법을 배웠다. 그리고 원두를 담으면서 상태가 좋지 않은 것을 골라내고, 우유와 생크림 등 음료 재료를 채우고, 컵과 도구 등 비품들을 관리하는 법도 배웠다. 그런 다음 본격적으로 커피머신 다루는 법을 배우고 에스프레소 추출 시간과 양을 확인했다. 커피머신으로 커피를 추출하는 것은 실기시험과도 연결되기 때문에 열심히 익혔다.

어느 정도 적응했을 때 사장님에게 우유 열처리 법과 온도 조절, 거품 내기, 라떼 아트로 그림 그리는 법도 배웠다. 처음엔 어려웠는데 점점 하트와 나뭇잎 모양이 제대로 나오기 시작하자 감미로운 전율이 전신을 스쳤다. 능숙하지는 않아도 하면 할수록 나만의 노하우가 생겼다. 사장님의 배려, 그리고 함께 실습하는 예은이와 친해지면서 잡념도 사라졌다. 꿈드림센터 선생님들이 항상 뒤에서 아낌없이 지원해주고 있어서 든든했다.

물론, 처음부터 고상하게 바리스타 기술만 배운 것은 아니다. 사장님은 커피를 내리기 전에 매장 청소와 정리 정돈하는 것이 우선이라고 강조했다. 그래서 카페에 가는 날이면 항상 청소를 먼저 했다. 매장과 화장실 청소는 일종의 의식과도 같았다. 왜 기술은 가르쳐 주지 않고 청소를 시키는지 처음에는 의아했지만, 청소는 나를 단련하는 과정이었다.

연습이 끝나고 첫 주문을 받을 때는 많이 긴장해서 떨렸다. 커피를 내릴 때는 실수도 했다. 그래도 성실하게 일하는 만큼 인정받는다는 걸 알았고 인턴이든 아르바이트든 직원이든, 내가 하기에 따라 일이 즐겁기도 하고 아닐 수도 있다는 것을 깨달았다. 내가 손님일 때와 직원일 때의 마음이 이렇게 다를 줄은 미처 몰랐다. 그러면서 손님에게 어떻게 다가가고 말을 건네야 하는지를 자연스레 터득할 수 있었다.

직장체험을 하다가 네일아트 과정에 참여한 정희 언니를 만났다. 언니는 네일아트숍에서 직장체험을 하며 자격증까지 땄다. 언니는 손님들에게 다양한 디자인의 네일아트를 해주면서 손님들이 손을 맡기고 있는 동안 많은 이야기를 나누는데 엄마나 언니의 마음으로 손님들을 격려하고 도움되는 말도 많이 해준다고 한다. 손님들이 만족스러워해서 사장님의 신뢰를 얻어 이 과정이 끝나고도 숍에서 계속 일하면서 더 많은 것을 가르쳐 주겠다는 제의도 받았다. 정희 언니가 기뻐하며 프로그램에 참여하는 친구들에게 커피를 한 잔씩 돌렸다. 나도 내 일처럼 기뻤다.

나는 힘들거나 포기하고 싶을 때마다 예은이와 서로 격려해가며 과정을 끝까지 잘 마쳤다. 우리는 카페 실습을 하면서 자격증 준비도 했는데, 필기시험과 실기에 모두 합격했다. 직장체험에 도전하기를 잘했다고 생각했다. 언제든 아르바이트 할 일이 생기면 다른 사람보다 쉽게 기회가 생길 것이다. 선생님은 이 프로그램을 마치고 나서도 기술을 더 배우겠다고 남는 사례도 있다고 했다.

직장체험에 참여했던 친구들끼리 동기생 모임을 만들었다. 정식으로 사원이 된 친구는 사원증을 목에 건 사진을 SNS 단체방에 올려 친구들의 진심어린 축하를 받았다. 자격증을 딴 친구들은 자격증 사진을 올렸다.

직업역량 강화 프로그램을 마치며 꿈드림센터 선생님들께 정말 감사했다. 해보지 않고는 모른다. 어디선가 낯선 곳에서 아침을 맞아보라는 말을 들은 적이 있는데 나도 익숙한 것에 안주하지 않고 새로운 것에 도전하면서 자신감이 더 커졌다.

혼자 간다고 길을 잃지는 않아

/ 검정고시 응시

아마도 자퇴한 청소년들의 자퇴계획서 1순위가 검정고시일 것이다. 스스로 공부해서 졸업 자격을 취득하고 자신의 진로를 선택하려는 것이다. 학교 교육과정을 마치지 않았기 때문에 검정고시에 합격하면 초등학교, 중학교, 고등학교를 졸업한 사람과 동등한 학력을 인정받을 수 있다.

예전에는 검정고시에 한 번 합격하면 재응시를 못했지만, 지금은 재응시가 가능하다. 재응시는 대학 입시에서 검정고시 점수로 내신을 산정하기 때문에 더 좋은 점수를 받기 위해서 한다.

나는 시험 공고일 기준으로 6개월 전에 제적 처리되어 있어야 하는데 6개월이 안 돼서 바로 시험을 치르지 못했었다. 이제 검정고시를 준비할 때가 됐다. 검정고시에 합격해 학력을 인정받는 것이 목표였다면 전 과목 60점만 받으면 되겠지만 나는 대학 진학까지 생각하고 있어서 고득점이 목표였다.

나는 자퇴하기 전 학업중단 숙려 프로그램에 참여하면서 꿈드림센터를 알게 되었다. 꿈드림센터는 나의 꿈을 알아가는 길을 안내해줬다. 꿈드림센터를 알지 못했다면 자퇴 후에 이렇게 성장하지 못했을 것이다. 혼자서도 할 수 있겠지만 누군가와 함께한다면 힘을 얻어 더 큰 능력을 발휘할 수 있다. 막연하게 생각하던 것들을 다양한 경험 속에서 확인하고 결정할 수 있으니까.

나 역시 그런 과정을 거치며 마침내 공부하는 쪽으로 가닥을 잡았다. 이제까지 꿈드림센터에서 해온 다양한 경험을 통해 얻은 자신감이 검정고시와 대학 입학이라는 내 꿈을 이루는 데 밑거름이 될 것이다.

꿈드림센터에 오는 친구들 중에는 검정고시를 준비하는 사례가 의외로 많다. 다른 프로그램에는 참여하지 않고 오로지 검정고시만 준비하는 사람도 있다. 다양한 경험이나 활동보다는 학업을 위주로 하는 경우다. 당연히 자기가 관심 있는 것만 골라 참석하는 것도 자유다.

꿈드림센터에서는 검정고시와 대학입시를 대비해 학습 능력 향상과 학업 관련 지도가 필요한 청소년에게 학습지원 프로그램을 제공한다. 더불어 꿈드림센터에서 진행하는 학습 프로그램에 성실하게 참여하기로 약속하면 검정고시 교재와 온라인 수강도 지원하고 있다.

나는 검정고시반에 등록해 국어, 영어, 수학, 과학, 한국사 등 주요 과목을 멘토 선생님에게 배웠다. 멘토는 그 과목을 전공하는 대학생과 학원 강사 등 그 과목을 지도할 역량을 충분히 갖춘 분들이었다. 검정고시 출제 경향을 잘 알고 공부 방법을 알려주는 멘토들 덕분에 모르고 접근하는 것보다 출제 빈도가 많은 단원이나 기출문제 경향을 분석할 수 있어서 더욱더 효율적인 공부를 할 수 있었다.

1:1 멘토링도 할 수 있다. 나는 시험과목 7개를 공부하면서 어려운 점은 없었지만, 수학은 모르는 문제를 확실히 풀고 지나가려고 노력했다. 멘토는 친절하고 자세하게 가르쳐줬다.

한편, 검정고시를 준비하면서 공부에 지장이 되지 않는 선에서 꿈드림센터에서 진행하는 프로그램에도 참여했다. 공부하면서도 적절히 생활 리듬을 조절하기 위해서다. 공부하면서도 여러 프로그램에 참여하는 것이 오히려 자기관리가 잘되는 안정제 역할을 했다.

검정고시 원서접수는 꿈드림센터에서 단체로 접수하기 때문에 시간을 따로 낼 필요가 없다. 또 직접 원서를 접수하기 어려운 사람들은 가까운 꿈드림센터의 도움을 받을 수 있어서 원서접수가 처음일 때 달라진 규정을 몰라서 놓치기 쉬운 것들도 보완할 수 있다.

선생님들은 원서접수 기간에 교육지원청 원서접수처에서

검정고시 원서접수 아웃리치 활동을 한다. 아웃리치 기간 내
내 선생님들은 원서접수를 하러 온 청소년이나 부모들 옆에
서 원서 작성을 돕고 필요한 서류도 챙길 수 있도록 안내한
다. 접수를 마치면 꿈드림센터를 소개해 검정고시 관련 자료
를 받거나 온라인 수강, 학습 프로그램을 안내받는다. 덕분에
혼자서 검정고시를 준비해 왔거나 집 밖으로 나오려 하지 않
았던 청소년들이 꿈드림센터를 알게 되는 기회가 된다.

검정고시를 치르는 날 선생님들이 학교 현관 한쪽에 홍보
부스를 만들어 놓고 시험에 필요한 필기구와 점심 도시락, 간
식거리를 나눠주면서 우리를 응원했다. 선생님들의 응원에
힘이 났다. 나는 그동안 열심히 준비한 만큼 자신 있게 시험
을 치렀다.

빠른 결정을 해야 할 때가 있다

/ 대학입시 준비

    고등학교를 자퇴할 때 자퇴계획서에 적었던 대학 진학 문제를 짚고 넘어가야 할 때가 됐다. 별다른 말씀이 없었던 엄마 아빠도 이제는 시간을 내서 이야기해 보자고 했다. 나는 부모님과 이야기하기 전에 수시와 정시 중 어떤 전형을 선택할지, 대학과 학과는 어디를 지원할지 등 검정고시와 수능에 관한 생각들을 정리해뒀다.

    "아빠가 네가 자퇴하고 지금까지 쭉 지켜봤는데 꿈드림센터에서 하는 다양한 프로그램에 참여하면서 학교 다닐 때보다 오히려 더 자신감 있게 생활하는 걸 보고 놀랐어. 그러면서도 한편으론 걱정했는데 괜한 기우였나 보다. 그래, 대학 진학은 어떻게 하기로 했니?"

    "아빠 말씀대로 꿈드림센터에서 많은 경험을 했어요. 직업

남
색
꿈

195

과 진로에 관한 프로그램이 있어서 다양한 것을 경험할 수 있고 그 계기로 취업도 할 수 있어요. 하지만 저는 대학에 진학해서 공부하는 게 좋다고 생각해요. 수능시험을 쳐서 가는 정시보다는 검정고시 성적으로 가는 수시 전형으로 지원하려고 해요."

조용히 듣고 있던 엄마가 말했다.

"수시 전형으로 지원하려면 검정고시를 잘 봐야겠네. 대학마다 검정고시 출신자들이 1개 이상의 전형에 지원할 수 있다고 들었는데."

"꿈드림센터에 검정고시반이 있어요. 전문 멘토 선생님들이 과목마다 잘 가르쳐주고 있어서 어렵지 않아요. 저는 원하는 대학교에 갈 수 있도록 고득점을 목표로 공부하고 있어요."

"대학입시에 관한 정보는 어떻게 알아보고 있니?"

"꿈드림센터에서 대학입시 설명회를 해요. 해마다 학교 밖 청소년을 대상으로 하는 대학입시 설명회가 있어서 거기서 입시 정보를 얻을 수 있어요. 저는 온라인으로 참여할 생각이에요."

"학교 밖 청소년들이 대입 전형에서 소외되지 않도록 센터에서 신경을 많이 쓰고 있구나. 다른 친구들도 이런 설명회가 있는 걸 아는지 모르겠네. 정보가 중요한데 말이야."

검정고시 성적으로 지원하는 수시모집으로 대학에 진학하

겠다는 내 뜻에 엄마 아빠도 반대하지 않으니 당분간은 검정고시 준비에 매진하기로 했다.

전국의 권역별로 학교 밖 청소년 지원센터에서 학교 밖 청소년을 위한 대학입시 설명회를 개최한다. 나는 온라인 입시 설명회에 참석했다. 접속자가 많았다. 지역 설명회에 가면 전체적인 대입 전형뿐만 아니라 그 지역 소재 대학의 전형을 자세하게 알려주기도 한다. 이 설명회를 통해서 대학입시를 준비하는 학교 밖 청소년들을 위한 맞춤형 정보를 얻을 수 있다.

설명회에서 강사는 최근 대학입시와 관련된 상황을 정리해 준 뒤 내년도 대입 전형의 주요 특징과 모집 시기, 일정 등을 소개했다. 검정고시에 합격하고 대학에 진학하기 위해서는 수시, 정시 지원 전략이 필요하다. 강사는 학생부 교과, 학생부 종합, 실기, 논술 전형 등을 전반적으로 설명하고, 학교 밖 청소년이 주로 지원하는 학생부 교과 전형을 강조했다.

물론, 학교 밖 청소년들도 수능을 준비하거나 논술이나 자기소개서, 면접을 통해 다른 전형을 선택할 수도 있지만, 검정고시 시험성적으로도 대학에 진학한다. 학생부 종합 전형은 공교육 정상화를 목적으로 운영되는 것이어서 아무래도 학생이 아닌 학교 밖 청소년에게는 불리하다. 학교에 다니는 친구들은 내신성적과 학교생활기록부가 있는데 우리에게는 없다. 학교생활기록부가 없어서 대학 수시 전형에 지원하기 어려운 학교 밖 청소년을 위해 꿈드림센터에서 활동한 내용을 기록한 청소년생활기록부가 있기는 한데, 아직은 전형이 제한적이다. 앞으로 학교 밖 청소년들에게도 더 많은 기회를 주기 위해 노력하고 있다고 하니 기대해볼 만하다.

상황이 이렇다 보니 학교생활기록부를 대체할 수 있는 검정고시 합격 평균 점수에 관심이 많다. 고등학교 졸업 자격 취득만을 원한다면 커트라인 60점만 넘기면 되지만 수시 지원에서는 비교 내신으로 환산하기 때문에 고득점이 필요하다. 나는 강의를 듣고 강사가 소개해준 대학입시 관련 사이트에 접속했다. 대학수학능력시험 공부나 준비 방법, 그리고 Q&A 자료들까지 잘 정리되어 있었다.

설명회가 끝나고 강사가 알려준 대로 대학교 홈페이지에 들어가서 확인 사항을 모두 살펴봤다. 내가 가고 싶은 대학교 홈페이지에서 입시요강도 찾아봤다. 수시모집 요강과 학생부 교과, 학생부종합, 실기/논술 등 전형유형별로 꼼꼼히 세부 사항을 확인했다.

검정고시 합격자의 학생부 교과 비교 내신 항목을 찾아보니 그 대학은 검정고시 100점일 때 환산등급은 2등급, 환산점수는 99점, 95점 이상일 때는 3등급, 97점이었다. 검정고시 평균 점수를 반영하는지 과목점수를 반영하는지는 학교마다 다를 수 있고, 환산등급이나 환산점수 반영 방법이 다 다르니 꼭 미리 확인해야 한다.

검정고시 성적을 조합하는 방법도 대학마다 다르다. 대학들 대부분은 검정고시 성적을 조합하지 않는데, 일부 대학에서는 여러 성적표를 제출했을 때 높은 성적을 반영하기도 한다. 따라서 자신이 지원한 대학이 이 방법을 채택했는지를 꼭 확인해야 한다. 보통은 한 장의 성적표를 제출한다고 보면 된다.

나처럼 자퇴 후에 검정고시로 대학에 진학하려는 친구들은 대학별 수시모집 요강을 잘 확인하고, 또 검정고시 성적을 내신으로 자동 환산하는 사이트를 활용해 지원하려는 전형을 미리 확인하는 것이 좋다.

나는 대입 관련 제도나 뉴스들도 검색해봤다. 지금까지는 관심을 두지 않았는데 흥미로운 기사가 많았다. 앞으로는 정시모집이 확대되고 고교학점제가 전면적으로 시행되면서 공교육에 위기가 올 수 있다고 한다. 최근에는 입시를 위해 자발적으로 학교를 그만두는 고등학생들이 늘어나고 있다. 고등학교 1학년 내신성적이 좋지 않으면 자퇴하고 검정고시를 본 뒤 수능성적으로 대학에 가려는 학생들이 많아졌기 때문이다. 이런 이유로 앞으로 학교를 그만두고 검정고시를 치르려는 학생은 더 많아질 수 있다.

이제 자퇴라는 단어는 문제가 있는 학생들을 떠올리게 되는 개념이 아니라 자신의 미래를 위해 다른 길을 가려는 의지가 있는 학생을 떠올리게 하는 개념으로 바뀌고 있다.

나는 우리나라 대입제도를 생각하면서 지금 시간에 학교에 있을 친구들을 떠올려 봤다. 우리 청소년들은 자발적으로 치열한 입시지옥에 뛰어든 것이 아니다. 주입식·암기식 교육에 동의한 것도 아니다. 그러나 결과적으로는 모두가 입시경쟁체제를 구축하는 데 가담한 장본인이 되고 말았다. 오랫동안 그래왔기 때문에 우리도 모르는 사이에. 청소년들이 많은 소리를 내고는 있지만 여기서 빠져나가기는 쉽지 않다. 자식교육은 주로 부모에게 선택권이 있다 보니 청소년들이 알았다 해도 쉽게 바꿀 수 없는 구조다. 뭔가 목소리를 내려고 해도 부모나 어른들의 한마디에 말문이 막히고, 게임은 끝나고 만다.

'나 때는 말이야.'

청소년들이 해야 할 일은 이미 어른들이 정해 놓았기 때문에 그대로 따라 하면 된다고 말한다. 어른들도 청소년기를 그렇게 지냈어도 잘만 산다면서 우리에게도 당연히 그렇게 하라고 한다. 과연 그럴까?

나의 진로는 내가 선택한다

/ 전문대학은 어때?

대학입시에 관심을 두게 되면서 진학 자료를 찾아봤다. 꿈드림센터 서재 한쪽에는 여러 곳에서 보내 온 홍보자료를 모아두어서 잘 찾아보면 의외의 보물을 건질 수 있다. 입시설명회 이후 계속 관련 자료를 찾아보다가 서재에 있는 한 묶음의 대학교 홍보물을 발견했다. 한국전문대학교육협의회 안내 책자였다. 도서실에 앉아 차근차근 자료를 읽었다.

안내서와 책자 몇 권을 읽어보고 일반대학과 전문대학의 차이를 알았다. 일반대학이 학문의 이론과 학술연구가 주된 목적이라면, 전문대학은 전문직업인 양성에 필요한 실천적 이론과 실습 중심으로 교육한다. 전공에 따라 다양한 학년제로 운영하기 때문에 학위를 취득하면서도 실습 중심의 교육을 받고 바로 취업할 수 있다.

입시지옥에서 벗어나 내가 원하는 공부를 할 수 있다면 나는 일반대학이든 전문대학이든 상관없다. 관련법이나 관리 주체에 따라 전문대학, 전공대학, 폴리텍대학, 직업전문학교가 있는 것도 자료를 보고 알았다. 고등학교를 졸업하고 갈 수 있는 대학이 이렇게나 많은데 왜 그렇게 전쟁을 치러야 하는지 참 알 수가 없다.

전문대학은 전공에서 필요한 숙련도에 따라 2년제, 3년제, 4년제 등 다양한 학제로 운영된다. 따라서 얼마든지 상황과 여건에 맞춰서 나에게 맞는 대학을 선택할 수 있다. 전문대학에서도 학사학위를 취득한 뒤 대학원에 진학할 수 있다. 여건상 취업했어도 회사에 다니면서 전문대학에서 공부할 수 있다.

학교 밖 청소년 중 학생부 성적이 없거나 수능시험을 보지 못한 사람도 수시나 정시모집에 지원할 수 있다. 일반대학의 경우 수시 원서접수는 6회, 정시 원서접수는 군별 1회로 제한되어 있는데 전문대학은 횟수 제한 없이 원서를 접수할 수 있다.

전문대학을 통해 다양한 직업을 선택할 기회도 많다. 보건 서비스, 예능, 기술, 서비스, 비즈니스 직업별로 다양한 직업을 소개하고 있다. 교육을 받으면서 현장과 연계해서 경험을 쌓는 것도 좋은 방법이다. 나는 성급히 결론짓기보다는 적성과 흥미를 고려하면서 좀 더 시간을 가져보려고 한다. 대학에 가서 전공 공부 따로, 취업 준비 따로 하는 것이 얼마나 아이러니한가. 대학 공부 자체가 취업으로 연결되고 나의 전문성과 직업 능력을 한층 더 강화해 준다면 그것이 더 낫지 않을까.

미래의 나는 내가 만들어 간다. 앞선 시대에 살았던 사람들이 한 것과 똑같이 사는 것은 내가 허락할 수가 없다. 무거운 짐을 내려놓았다고 생각하니 마음이 편해졌다.

보라색 꿈

나에게 꿈드림이란

/ 꿈드림센터 수료

　꿈드림센터에서 활동했던 지난날을 돌아보며 이곳은 나에게 무엇이었나 생각해본다. 자퇴생들은 자퇴하기 전에도 두렵고 자퇴하고 나서도 막막하다. 어디서부터 무엇을 해야 할지 잘 모른다. 캄캄한 밤길을 걷는 것과 같다. 나도 잠시 그런 길을 걸으면서 아주 무서운 느낌을 받은 적이 있다. 이때 멀리서 희미한 불빛이 보이듯 그렇게 학교 밖 청소년 지원센터 꿈드림으로 다가갔다. 학업중단숙려제 프로그램에 참여하면서.

　그러나 학교 밖 청소년은 무작정 지원해주는 곳이라고 생각한다면 그 생각을 버리기 바란다. 내가 스스로 찾아가서 문을 두드리고 등록을 해야 한다. 꼭꼭 숨은 나를 찾아내 주기만을 바라지 말고 직접 찾아가 보자. 그래서 내가 좋아하고 흥미를 느끼는 프로그램이 있다면 자발적으로 참여해 보자. 처음에는 어렵겠지만 그다음에는 자연적으로 적응이 되고 놀라운 일을 경험하게 될 것이다.

그동안 나는 기대했던 것보다 많은 지원을 받았다. 급식지원과 교통비 지원은 기본이고 내가 참여했던 모든 프로그램이 내 인생에 필요했고 가치가 있었다. 여러 가지 프로그램에 참여했던 것은 몇 번을 생각해도 정말 잘한 일이었다.

학교에 다니는 청소년들이 공부 부담 없이 다양한 활동을 하면서 신나게 시간을 보낼 수 있다면 얼마나 좋을까. 꿈드림센터에서는 얽매이지 않고 자유로워서 좋았다. 학교처럼 정해진 교육과정, 짜 맞춘 일정이 아니어서 편하게 다녔다.

그리고 내가 정말 놀란 것은 여기서 만난 친구들이다. 그들이 학교를 그만둔 이유는 다양하지만, 학업을 중단한 것은 아니었다. 자기가 좋아하는 것을 하면서 검정고시를 준비하고, 대학 진학을 희망하는 친구들이 많았다. 학교가 아닌데도 혼자가 아니라 비슷한 생각을 하는 친구들이 옆에 있다는 것이 든든했다. 그래서 검정고시 준비를 열심히 할 수 있었고, 대학입시 설명회에도 참여하면서 대학 진학의 꿈을 키워나갈 수 있었다.

학교 밖 청소년에 대한 지원이 꿈드림센터마다 달라서 지원 내용도 다를 수 있다. 나는 모든 프로그램에 참여하면서 다양한 체험을 하고 경험을 쌓고 나태하고 게으르지 않으려고 노력했다.

내가 머뭇거리거나 잘 모를 때는 선생님들이 추천하기도 하고 권유도 했다. 그렇게 활동하고 꿈드림센터를 수료한 지금은 뿌듯하다. 자퇴 후의 시간을 함부로 낭비하지 않았다는 자부심을 느끼기 때문이다.

직업흥미검사와 몇 가지 심리검사, MBTI, 에니어그램 테스트를 받은 이후로 나는 무엇을 하든 나의 관심과 흥미를 생각했다. 어떤 직업을 가지면 될까, 나에게는 어떤 일이 어울릴까 생각해 봤다. 이것이 프로그램에 참여하기 전과 후의 변화가 아닐까. 당시에는 별거 아니었는데 프로그램을 이수한 후에는 내가 분명 이전과는 다른 생각을 하고 있다는 것을 알았다.

또 하나 중요한 것은 남이 시켜서 한 것이 아니라, 내가 선택해서 했다는 것이다. 스스로 선택했고 자발적으로 참여했다. 그 결과로 얻은 값진 경험, 그 결과로 얻은 수료증과 자격증. 일 년 반이라는 시간 동안 나는 어느덧 성장했다. 주변에서도 많이 칭찬해줬지만 나 자신도 그렇게 생각한다.

학교 공부가 싫다고 했던 친구들이 함께 검정고시에 합격했고 지금은 대학 진학 이야기를 나누고 있다. 웃기는 이야기지만 사실이 그렇다. 사람은 머무는 것이 아니라 작은 동기로도 움직이고, 사소한 일에서도 큰 변화가 일어난다.

꿈드림센터 친구들이 자퇴했다고 해서 그대로 머물러 있는 것은 아니라는 것을 직접 내 눈으로 확인하고 나니 꿈드림센터가 달리 보였다. 학교 밖 청소년들이 차별받지 않고 미래를 준비할 수 있는 곳으로 안성맞춤이다.

친구들이여! 자퇴했다고 주눅 들지 말고, 사회가 부정적으로 인식한다고 예민하게 반응할 필요도 없다. 그저 내가 가려는 길을 가면 된다. 목적지는 내가 하기에 따라 얼마든지 달라질 수 있으니까. 꿈드림센터는 내가 모르는 나의 가능성을 보고 한걸음 더 앞으로 내딛게 해준 곳이다.

나무가 모여 이룬 숲은
경이롭고 아름답다

/ 10년 후 나에게

    학교에 다닐 때는 아침에 일어나는 것이 힘들었다. 내키지 않는데도 억지로 일어나야 하는 아침이 정말 싫었다. 늦게까지 인터넷 강의를 듣다가 졸리면 침대로 가서 누웠다. 마음 편하게 잠을 잘 수 있었던 것도 아니다. 그러고는 아침이면 또 억지로 일어나야 하는 생활이 나의 평범한 일상이었다. 그렇게 밤늦도록 공부한 것이 온전히 내 것이 되었다면 좀 나았을 텐데 성적은 계속 제자리를 맴돌았다.

    그런데도 그렇게라도 안 하면 뒤처질까 봐 겁내고 전전긍긍하며 나 자신을 불신하던 생활은 이제 말끔하게 사라졌다. 지금은 스스로 일어나 기분 좋게 아침을 맞는다. 그 아침이 꼭 이른 아침을 말하는 것은 당연히 아니다. 오늘 하루를 다른 사람이 아닌 오로지 내 의지로 살 수 있다는 마음으로 내가 원하는 시간에 일어나는 것을 말한다.

　오늘은 꿈드림센터에 가지 않았다. 보통은 참여하는 프로그램이 없어도 친구들과 함께 시간을 보내려고 다녀오곤 했는데, 생각도 정리하고 방 정리도 할 겸 집에 있기로 했다. 오후에는 직업역량 강화 프로그램이 끝난 뒤에도 계속 카페에서 아르바이트하고 있는 예은이를 보러 갈 생각이다. 예은이에게 문자를 보내려고 핸드폰을 열었더니 꿈드림센터에서 문자가 와 있었다.

　'나의 행복 여정, 10년 후의 나에게 보내는 편지'

　이벤트 기간과 선물, 참여 방법을 알리는 문자였다. 10년 후의 나에게 무슨 말을 할까. 지금보다 더 나은 모습으로 살고 있을까? 한 번쯤은 가던 길을 멈추고 신발 끈을 다시 묶어야 하는데 지금이 바로 그때인 것 같았다. 적절한 순간에 숙제를 내준 꿈드림센터 선생님들의 기막힌 타이밍에 놀랐다.

　우선 나는 글의 실마리를 찾으려고 방 청소를 하고 책상 정리를 했다. 방이나 책상 정리 같은, 평소 익숙하지 않았던 일이 때로는 새로운 생각을 다듬는 기회가 될 수도 있기 때문이다.

　　10년 후의 지민에게

　　지민아 안녕!

　　이 글을 쓰고 있는 지금은 너의 10년 전이야. 너는 고등학교

올라가서 방황하다가 2학년 때 자퇴했지. 그때 기억이 나니? 자퇴하기로 마음을 먹었을 때 부모님이 나를 믿고 허락해 주신 덕분에 나는 내 결정을 확신할 수 있었어.

자퇴하면 자유롭게 내 꿈을 펼쳐 보이겠다고 자신했었는데, 막상 그만두고 나서부터 내 생활에 문제가 생겼잖아. 같은 장소, 같은 시간에 있던 친구들과 만나지 못하는 날이 계속되면서 부작용이 나타나기 시작했던 거지.

친구들을 못 만나는 데서 오는 외로움, 주변의 부정적 시선, 나의 존재감을 확인할 수 없다는 무력감, 그리고 얼마간의 유혹과 좌절이 나를 괴롭혔어. 앞날이 불안하기도 하고 한 치 앞을 볼 수 없는 안개 속에서 절망했지.

그런데 그 절망이 오히려 나에게 도움이 됐던 것 같아. 나는 나태하지 않았어. 내 선택에 책임질 수 있다는 강한 신뢰가 있었던 거야. 아빠도 내 결정을 확신해야 한다고 이야기한 적이 있거든. 내 마음에 따라 얼마든지 상황을 역전시킬 수 있다고 믿었어. 어수선한 마음으로 방황하던 그때 그 시간이 소중했고, 내가 무엇을 하든 실패나 시행착오를 겪을 수도 있다고 생각했더니 마음이 편안해졌어.

학교 교문을 나온 것이 나에게 수많은 가능성을 열어준 것으로 생각하기로 했지. 그런데 그 가능성을 어디에서 어떻게 찾을 수 있을지 한동안 고민을 많이 했어.

자퇴생들은 무엇을 하려고 학교를 그만뒀을까. 자퇴한 이후에는 무엇을, 어디에서, 어떻게 하고 있는지 궁금해서 자료를 찾아봤어. 그런데 나에게도 자퇴한 이유가 있는데 나는 한동안 그것을 잊고 다른 사람의 사례를 찾고 있었다는 걸 뒤늦게 알아차렸지.

원래 내가 하고 싶었던 일이 무엇인지 신중하게 생각해봤어. 그때 학교 밖 청소년 지원센터 꿈드림을 찾아간 것은 정말 잘한 일이었어.

그렇게 떠나고 싶었던 학교에서 자퇴했기 때문에 행복했던 것이 아니라 내가 하고 싶은 일을 할 수 있어서 행복했어. 꿈드림센터에서 그것을 찾을 수 있었거든.

난 아직 어려서 진리가 무슨 뜻인지 잘 몰라. 마하트마 간디가 '진리는 글이나 말로는 전해질 수 없습니다. 그것은 오직 삶을 통해서만 전해질 수 있습니다' 라고 했던 말을 너는 이해할 수 있니?

나는 그 말을 '지금 내가 선택한 이 길이 옳다고 생각하니까 가는 거다' 라는 말로 바꿔봤어. 그럼 내가 말한 것도 진리라고 할 수 있을지 모르겠다. 억지소리라고, 엉터리 개똥철학이라고 비웃을지도 모르지만 말이야.

나는 꿈드림센터에서 진행하는 모든 프로그램에 열심히 참여했어. 강제로 누가 시킨 것도 아니었고 나 스스로. 그냥 모든 프로그램이 다 세상 살면서 필요한 것들이라고 생각해서 하나라도 놓치지 않으려고 욕심을 부렸던 것 같아. 힘들지 않았어. 오히려 행복했어. 딱히 학교가 아니라도 세상 곳곳이 다 배울 것 천지였거든. 학교 밖에서 만나는 사람들이 다 선생님이고, 가는 곳이 다 학교라는 것을 깨달았지.

지민아!

10년 후의 네가 지금의 나를 봐도 참 대견하지 않니? 이맘때 이런 생각과 이런 생활을 하는 데는 큰 용기가 필요했을 텐데 말이야. 나도 나에게 잘했다고 칭찬해주고 싶어. 그리고 우리 부모님은 나를 세상에 내놓고 적당한 거리를 두고 지켜봐 주셨어. 그런 두 분의 심정을 내가 어떻게 헤아릴 수 있겠니. 날 그대로 인정해 주고 기다려주신 분들이고 제일 고마운 분들이야.

10년 뒤의 내 모습이 지금 내가 하는 일의 결과라면 허투루 할 수 없어.

미래의 나, 지민아!

나는 지금 열심히 노력하고 있지만, 재미있는 일을 즐기면서 할 거야. 그래야 네가 나중에 사는 재미를 알 거 아니겠니. 나는 아주 예쁘고 우아하게, 삶에 최선을 다한 아름다운 프로의 모습으로 너를 만날 거야.

나는 여기서 글을 멈췄다. 미래의 내 모습을 그리면서 편지를 쓰다 보니 지금의 내 생활을 돌아보지 않을 수 없었다. 좀 더 겸손해지자. 좀 더. 그래, 지금처럼만 한다면 문제 없다.

지금 내가 하는 일은 어제의 내가 생각한 것이고, 오늘 내가 선택한 것은 내일 결과로 나타날 것이다. 작은 나의 하루를 가볍게 보내고 싶지 않다. 너무나 소중한 나의 하루니까. 큰 사건이 없는 평범한 하루일지라도 나는 잠자리에 들기 전에는 꼭 나의 하루를 감사하게 생각한다. 내가 살아 있다는 증거를 보여 준 하루하루는 그렇게 지나갔다.

학교 밖 청소년지원센터 꿈드림 소개

☾ 학교 밖 청소년 지원센터 꿈드림

학교 밖 청소년 지원센터는,

여성가족부가 청소년 정책의 하나로 학교 밖 청소년 사업을 지원하고, 한국청소년상담복지개발원이 중앙지원기관으로서 컨트롤타워의 역할을 하고 있다.

학교 밖 청소년 지원센터는 학교를 벗어난 청소년들이 당당하게 자신의 미래를 설계하도록 지원하는 곳이다. 공부하고 싶은지, 일하고 싶은지, 재능을 키우고 싶은지에 따라 다양하게 구성된 프로그램에 참여하면서 스스로 찾아가도록 하고 있다.

꿈드림이란,

꿈드림은 '꿈 = 드림(Dream)', '꿈을 드림'이라는 중의적인 표현으로 학교 밖 청소년에게 새로운 꿈과 희망을 준다는 의미다.

학교를 그만두는 선택을 한 학생들이 스스로 신중하게 선택하고 결정한 일이 미래를 향해 가는 데 막힘이 되지 않도록 다양한 맞춤형 서비스를 지원한다.

꿈드림에서는,

학교 밖 청소년의 개인적 특성과 상황을 고려한 상담지원, 교육지원, 직업체험과 취업지원, 자립지원 등의 프로그램을 통해 학교 밖 청소년들이 꿈을 가지고 스스로 자신의 미래를 준비해 공평한 기회를 얻을 수 있도록 지원한다.

서비스 대상은,

「학교 밖 청소년 지원에 관한 법률」 제2조에 정해져 있다.

- 9세~24세 학교 밖 청소년
- 초 · 중학교를 3개월 이상 결석, 취학의무를 유예한 청소년
- 고등학교 제적 · 퇴학 처분을 받거나 자퇴한 청소년
- 고등학교 미진학 청소년

서비스 대상인 학교 밖 청소년이 누구인지 헷갈릴 수 있어서 몇 가지 예시를 들어본다.

- 「학교 밖 청소년 지원에 관한 법률」 제2조에 따른 청소년에는 해당하지만 초 · 중 · 고등학교 재학생과 휴학생은 대상이 아니다.
- 미인가 대안학교 청소년은 해당하지만, 인가된 대안학교 재학생은 아니다.
- 의무교육단계에 있는 미취학 · 학업중단 청소년은 해당하지만, 방송통신중 · 고등학교 재학생은 아니다.
- 미인정 유학생은 해당하지만, 인정 유학생은 아니다.

명칭은 이렇다.

- 학교 밖 청소년 지원센터 : 법률적 명칭
- 청소년 지원센터 꿈드림 : 일반적으로 사용하는 명칭
- 꿈드림센터 : 약칭

주요 서비스 내용

상담지원	청소년 심리, 진로, 가족관계, 친구 관계 등
교육지원	학업 동기 강화 및 학업능력 증진 프로그램 진행
	검정고시를 통한 학력 취득 지원
	기존 학교, 대안학교, 상급학교 등 학교 복귀 안내
	대학입시 지원
	학업중단 숙려 상담
직업체험 및 직업훈련교육 지원	직업적성 발견을 위한 직업탐색 프로그램 제공
	진로 동기 강화 프로그램 제공
	진로체험 프로그램 제공
	직업역량 강화 프로그램 제공
	취업훈련 연계지원 (내일이룸학교, 취업성공패키지, 비즈쿨 등)
자립지원	취업 및 창업지원
	자기계발 프로그램 지원(문화 · 예술, 체육, 봉사활동 등)
	청소년 근로 권익 보호
	경제적으로 어려운 학교 밖 청소년 지원
	기초 소양교육 제공
건강검진	10대 특성에 맞춘 건강검진 서비스 제공
	건강 생활관리 지원
	무상급식 등 생활 지원
	체력관리 지원

전국 꿈드림 현황

광역	기초	센터수
서울	강남구, 강동구, 강북구, 강서구, 관악구, 광진구, 구로구, 금천구, 노원구, 도봉구, 동대문구, 동작구, 마포구, 서대문구, 서초구, 성동구, 성북구, 송파구, 양천구, 영등포구, 용산구, 은평구, 종로구, 중구, 중랑구	26
부산	강서구, 금정구, 기장군, 남구, 동구, 동래구, 부산진구, 북구, 사상구, 사하구, 서구, 수영구, 연제구, 영도구, 중구, 해운대구	17
대구	남구, 달서구, 달성군, 동구, 북구, 서구, 수성구, 중구	9

광역	기초	센터수
인천	계양구, 남동구, 동구, 미추홀구, 부평구, 서구, 연수구, 중구	9
광주	광산구, 남구, 동구, 북구, 서구	6
대전	서구, 유성구	3
울산	남구, 동구, 북구, 울주군	5
세종	세종시	1
경기	가평군, 고양시, 과천시, 광명시, 광주시, 구리시, 군포시, 김포시, 남양주시, 동두천시, 부천시, 성남시, 수원시, 시흥시, 안산시, 안성시, 안양시, 양주시, 양평군, 여주시, 오산시, 용인시, 의왕시, 의정부시, 이천시, 파주시, 평택시, 포천시, 하남시, 화성시	31
강원	강릉시, 동해시, 삼척시, 속초시, 영월군, 원주시, 정선군, 철원군, 춘천시, 태백시, 홍천군	12
충북	괴산군, 단양군, 보은군, 서청주, 영동군, 옥천군, 음성군, 제천시, 증평군, 진천군, 청주시, 충주시	13
충남	계룡시, 공주시, 금산시, 논산시, 당진시, 보령시, 부여군, 서산시, 서천군, 아산시, 예산군, 천안시, 청양군, 태안군, 홍성군	16
전북	군산시, 김제시, 남원시, 무주군, 순창군, 완주군, 익산시, 전주시, 정읍시	10
전남	강진군, 고흥군, 곡성군, 광양시, 구례군, 나주시, 담양군, 목포시, 무안군, 보성군, 순천시, 신안군, 완도군, 여수시, 영광군, 영암군, 장성군, 장흥군, 진도군, 함평군, 해남군, 화순군	23
경북	경산시, 경주시, 고령군, 구미시, 김천시, 문경시, 봉화군, 상주시, 안동시, 영주시, 영천시, 울진군, 칠곡군, 포항시	15
경남	거제시, 거창군, 고성군, 김해시, 남해군, 밀양시, 사천시, 산청군, 양산시, 의령군, 진주시, 창녕군, 창원시, 창원시 마산구, 창원시 진해구, 통영시, 하동군, 함안군, 함양군, 합천군	21
제주	서귀포시, 제주시	3
합 계		220

※ 인터넷에서 '학교 밖 청소년 지원센터' 또는 '꿈드림'을 검색하면 가까운 센터를 확인할 수 있다.

🌙 꿈드림 주요 프로그램 현황

학업복귀 지원					
학업동기 강화	학습력 향상	검정고시 대비반	학업중단 숙려제	멘토링	현장학습
「나는 내 인생의 매니저」 • 목표설정 • 자기이해 • 자기관리	「맞춤형 학습클리닉」 • 학습유능감 • 기억전략 • 주의집중력	• 온라인강의 • 교재지원 • 학습 멘토링	• 학업중단숙려제 상담	• 학습지원 • 심리 · 정서 지원 • 예체능 특기 · 적성 지원 • 진로 · 취업역량 강화 지원 • 사회 · 문화 적응지원	• 대학탐방 • 수학여행 • 졸업여행

사회진입 지원		
자립 동기 강화	자립기술 습득	사회진입 도약

• 진로상담
• 진로적성검사
「두드림」
• 직업탐구
• 경제교육
• 주거 생활 건강관리
· 미래 꿈 설계
	• 실물경제 체험
	• 직업체험
	• 진로종합캠프
		• 기초기술훈련
		• 자격취득지원
		• 직장체험
		• 취업, 인턴십 지원
		• 직업훈련 연계
		  - 내일이룸학교
		  - 취업성공패키지 등
		• 전문직업훈련기관

자기계발 지원					
문화예술	신체단련	봉사활동	환경보존	과학정보	언어
• 악기 • 댄스 • 사진 • 미술 • 공예 등	• 해양 • 무술 • 구기 등	• 일손돕기 • 위문 등	• 숲 체험 • 갯벌체험 • 생태탐사 • 환경탐사 • 시설보존 등	• 컴퓨터 • IT • 모형 • 로봇 • 우주탐구 등	• 영어 • 중국어 등

상담 지원	건강 증진
「이루다」 • 심리상담 • 진로상담 • 가족상담	• 건강검진 • 예방접종 • 체력관리 • 급식지원

☾ 자기계발

자기계발 프로그램

꿈드림센터에서는 학교 밖 청소년의 학업복귀나 사회진입 외에
도 균형 있는 성장과 발전을 돕기 위한 자기계발 프로그램을 운영
한다. 6개 분야의 다양한 자기계발 프로그램을 통해 학교 밖 청소
년이 자신의 재능이나 잠재력을 발견해 발전시킬 수 있도록 지원
한다.

분야	세부 활동 (예시)
문화·예술	회화, 디자인, 공예, 서예, 악기·보컬, 연극, 댄스, 사진, 영상편집, 푸드아트, 뷰티, 문학, 역사, 인성, 미술 등
신체단련	카약, 요트, 수영, 스킨스쿠버, 서핑 등
봉사활동	일손돕기, 위문활동, 재능기부 등
환경보존	환경체험, 생태·환경탐사, 환경·시설보존 등
과학정보	컴퓨터, IT, 모형, 로봇, 과학탐구, 창업 등
언어	회화, 언어 자격 등

☾ 학업중단숙려제

학업중단 징후 또는 의사를 밝힌 학생과 학부모에게 외부 전문
상담을 받으며 일정 기간 숙려하는 기간을 갖도록 하는 제도다. 진
로에 대해 여러모로 생각해보게 함으로써 스스로 자신에게 도움이
되는 선택을 하도록 안내한다.

구분		주요 내용
운영 주체		학교장(「초·중등교육법」 제28조 제6항, 제7항)
숙려제 적용	대상 학생	• 학업중단 징후가 발견된 초·중·고 학생 - 학업중단 예방 위원회에서 학업중단 위기학생으로 판단한 학생 - 미인정 결석 연속 7일 이상 또는 연간 누적 30일 이상인 학생 • 학업중단 의사를 밝힌 초·중·고 학생 - 유예 신청서나 자퇴원을 제출한 학생 - 검정고시, 미인가 대안 교육 기관으로 이동 등의 사유로 학업 중단 의사를 밝힌 학생
	제외 학생	• 연락 두절, 행방불명 등 숙려제 참여가 불가능한 학생 • 질병 치료, 발육 부진, 해외 출국, 사고 등으로 숙려제 참여가 어려운 학생 • 학교폭력 등으로 출석정지, 퇴학 조치를 받은 학생
운영방법		• 학업중단 예방 위원회 운영 • (학교 의무) 학업중단 징후 또는 의사가 있는 학생에게 학업중단 숙려제 안내 • (기간) 최소 1주(7일간) ~ 최대 7주(49일간, 주말, 공휴일, 휴업일, 방학 포함) • (횟수) 최대 7주를 당해 학년도 2회까지 나누어 운영 가능 • (성적처리) 중학교(고등학교) 학업성적 관리 시행지침에 따름
운영기관		• Wee클래스, Wee센터, 학교 밖 청소년 지원센터, 청소년상담복지센터, 학교장이 인정하는 외부기관
나이스(NEIS) 제출		• 학업중단숙려제 참여 현황 나이스 마감 및 제출

▶ 학업중단숙려제 상담 과정

상담자 선생님 만남 → 부모님 면담 → 소견서를 작성하여 학교에 발송 → 종결 또는 추가 상담

🌙 두드림 프로그램

두드림 프로그램은,

자립 동기를 강화하고 자립 준비 수준을 향상함으로써 성공적으로 사회에 진입할 수 있도록 돕는 자립 준비 프로그램이다. 10회기로 구성되어 있지만, 대상자의 특성에 따라 다양하게 재구성해 사용하고 있다.

회기별 주요 목표

구분	회기명	목표
1	참여동기부여	• 프로그램 참여 동기를 높임 • 프로그램에 대한 호기심과 기대를 하게 함 • 참여자 간 친밀감 형성
2	자기이해	• 자기 이해의 중요성 인식 • 흥미의 의미와 그 중요성 이해 • 직업흥미검사를 통한 나의 흥미 유형과 그에 맞는 직업 찾기
3	진로탐색	• 직업의 의미와 중요성에 대해 되새겨봄 • 다양한 직업의 세계에 대한 탐색을 통해 건전한 직업관을 가짐 • 자신에게 적합한 직업 분야를 찾고 구체적인 진로 계획을 세움
4	구직기술	• 구직(아르바이트) 방법에 대해 알아봄 • 다양한 직업정보 탐색을 통해 나의 관심 직업영역을 확장함 • 근로자의 권리와 노동법에 대해 이해
5	대인관계기술	• 주변 사람들과 문제를 일으키지 않고 원만하게 지내는 능력이 자립에 필수적인 능력임을 이해 • 갈등이 발생했을 때 원만하게 조절할 수 있는 능력 키움
6	경제교육	• 생애주기에 따라 재무자원, 재무 과업이 변화함을 이해 • 생애주기에 따라 자신의 재무 목표를 설정

구분	회기명	목표
7	일상생활기술	• 자립을 위해 필요한 일상생활 상식을 알고 간단한 자립 생활 기술을 배움 • 지역의 다양한 기관과 자원을 활용할 수 있는 방법에 대해 앎
8	성교육	• 편견과 폭력의 문제를 고민하고 성인지 감수성을 높임 • 성적 자기결정권을 이해하고 주체적인 성적 의사결정 능력을 키움 • 피임 실습 및 피임약 구매 방법에 대해 알아봄
9	예비부모교육	• 부모의 역할과 부모가 되기 위해서 준비가 필요함을 앎 • 예비 부모로서 책임 있는 성의 중요성을 앎
10	자립의지강화	• 미래를 위한 목표에 우선순위를 정하고 각 목표에 대한 세부 계획을 수립 • 목표 달성 과정에서 겪을 수 있는 어려움을 극복할 수 있도록 함 • 꿈을 이룬 자신의 모습을 시각화하여 꿈을 위한 의지를 다짐

☾ 내일이룸학교

사업목적

여성가족부가 학교 밖 청소년을 대상으로 맞춤형 직업훈련을 해서 청소년의 성공적인 사회 진출 및 자립을 지원하기 위해 훈련기관과 훈련 인원을 선정해 운영하고 있다.

훈련대상

만 15세 이상 24세 이하의 직업훈련을 희망하는 학교 밖 청소년이 참여할 수 있다.

훈련생 선발 및 훈련과정

입교 신청 → 훈련생 선발 → 예비학교 → 직업훈련, 특화프로그램 → 수료, 취업 및 창업

지원 내용
- 무료 직업훈련 제공
- 자립장려금 지원(훈련 출석률에 따라 월 30만 원 한도 내에서 지원)
- 기숙사 제공(기숙사가 없는 곳은 교통비 및 식대 월 16만 원 한도 지원)
- 특화프로그램 운영으로 검정고시 및 자격증 취득 지원
- 직업훈련 교육 수료 후 취업처 알선 및 취업 정보 제공
- 훈련기관별로 배치된 전담 상담사를 통해 심리상담 제공

문의
한국생산성본부

내일이룸학교 운영기관 (2022년)

지역	훈련기관	훈련과정	인원	기숙사
서울	한국능력개발 직업전문학교	디지털 영상 크리에이터 실무과정	20	○
	(재)서울현대교육재단	플라워&플랜테리어 취업실무과정 (화훼장식 행사기획자& 그린인테리어)	16	○
		K-푸드테크 전문가(푸드스타트업) 취업실무과정	20	○
	(재)아세아항공 직업전문학교	산업계 의료기술전문가 양성/ 취업과정	20	
인천	HS평생교육원	반려동물전문가(애견미용사& 펫헬퍼) 양성과정	18	
	인천실용전문학교	네일자격증 및 취업실무과정	16	
	인천직업전문학교	3D프린터 취업실무과정	16	
경기	한주요리제과커피 직업전문학교	카페바리스타&제과기능사 (소셜미디어 SNS 홍보) 실무과정	18	
충남	동천안희망 직업전문학교	헤어미용사 자격증 및 실무과정	20	○
경북	영천제일 직업전문학교	웹 편집 디자이너 양성과정	15	
부산	부산시 학교밖 청소년지원센터	F&B산업 전문인력 양성/취업과정	20	
광주	(재)한국능력개발원 호남직업전문학교	한식조리기능사 취득 및 마스터쉐프 양성과정	20	
대전	한밭대학교 산학협력단	로봇코팅 교육 지도사 양성과정	15	
	12개소	13개 과정	234	

※ 훈련 기간은 기관 사정에 따라 변경될 수 있다. 이주 배경 청소년과 청소년한부모도 지원이 가능하다.

☾ 기초 소양교육 프로그램

교육 주제	지원 기관	지원 내용
근로권익 교육	청소년근로보호센터	• 찾아가는 노동인권 교육
	청소년근로권익센터	• 찾아가는 청소년근로권익교육
	한국고용노동교육원	• 찾아가는 고용노동교육 • 캠프(노동인권캠프/진로캠프)
성폭력 예방교육	한국양성평등교육진흥원	• 성매매, 성희롱, 가정폭력 포함하여 통합적 폭력예방교육
인권(권리) 교육	한국청소년상담복지개발원 청소년폭력예방부	• 청소년/실무자 대상 권리교육 프로그램
성교육	청소년성문화센터	• 체험관, 이동형(버스), 찾아가는 성교육 등 • 무료 지원 여부는 지역별 상이
	인구보건복지협회	• 성 의사결정 및 피임, 성매개 감염병 온·오프라인 교육(무료)
흡연 예방 금연교육	금연지원센터	• 오리엔테이션 형식의 금연교육 실시 후 금연상담으로 연계(무료)
도박문제 예방교육	도박문제관리센터	• 청소년 도박문제 고위험군 예방 프로그램(무료)
인터넷· 스마트폰 중독 예방교육	청소년상담복지센터 (서울) 인터넷중독예방센터	• 모바일 이용습관 진단조사 결과에 따른 맞춤형 서비스 제공 • 개인상담, 집단상담, 기숙치유캠프 등 (무료)
교통안전교육	도로교통공단	• 교통안전 관련 출장 및 초청교육 • 무료 지원 여부는 지역별 상이
안전교육	학교안전정보센터	• 안전교육 자료 및 콘텐츠 제공
새내기 유권자 선거교육	중앙선거관리위원회 선거연수원	• 새내기 유권자 기본교육영상 및 사례별 교육영상(무료)
저작권 교육	한국저작권위원회	• 학교 밖 청소년 대상 찾아가는 저작권 교육(무료)
디지털 성범죄 예방교육	한국양성평등교육진흥원 여성가족부	• 초·중·고 학생용 강의안, 학습자료 콘텐츠 활용

☾ 직업역량 강화 프로그램

목적

학교 밖 청소년이 전문 직업훈련이나 취업을 연계하기 전에 직업 선택과 관련한 다양한 직업체험 기회를 가질 수 있게 해 자립 동기와 취업 의지를 고취한다.

각 센터가 위치한 지역사회의 우수 자원을 활용해 학교 밖 청소년이 다양한 직업을 체험할 수 있도록 한다.

대상

15세 이상 24세 이하 학교 밖 청소년

진행단계
- 신청
- 1단계 : 진로상담 및 진로적성검사
- 2단계 : 자립 동기 강화
- 3단계 : 기초기술훈련
- 4단계 : 직장체험
- 5단계 : 취업 지원, 전문직업훈련
- 사후관리

주요 서비스 내용
- 개인 맞춤형 진로상담 및 진로적성검사
- 생활관리 및 자립 동기 강화 프로그램
- 기초기술훈련 수당 지급

- 직장체험수당 지급
- 직업 전문 훈련기관 및 취업 연계

☾ 자립 지원 프로그램

자립 지원 프로그램에는 자립준비교실, 자립기술훈련, 자립작업장, 그리고 직장체험 등 4개의 과정이 있다.

자립준비교실
청소년이 상호 작용과 협력의 과정을 통해 자립심과 대인관계 능력을 증진하기 위한 과정이다. 청소년들이 규칙적인 생활로 학업준비(검정고시, 상급학교 진학), 경제관리(경제원리 이해, 소비 및 저축), 취업 준비(자기소개서 작성, 면접준비), 법 소양을 증진(근로권익, 성교육, 인문학)하여 건강한 사회구성원으로 성장할 수 있도록 한다.

자립기술훈련
청소년들이 관심 있는 분야의 전문적인 직업훈련에 참여해 이론과 실습을 통해 기술을 익히고 자격을 취득하는 과정이다.

자립작업장
작업장 운영을 통해 직업훈련, 경제학습의 기회를 제공하고 있다. 청소년의 흥미에 따라 (가죽, 나무)공예, 커피바리스타, 마케팅, 제과제빵, 패션, 반려동물활동가, 유튜버 등 사회 진출에 도움이 되

는 활동을 경험하면서 제품을 생산하고 판매하는 등의 경제활동을
한다. 이로써 직업의 세계를 알고 사회에 대해 이해함으로써 자립
의 의지를 키울 수 있다.

직장체험

관심 있는 직업 경험을 하도록 돕는다. 인턴십이라고도 하는
활동인데, 시간당 정해진 활동비를 받으면서 다양한 직업 분야에
서 안전하게 일을 경험하게 함으로써 실질적인 배움의 장이 되고
있다.

직장체험은 근로가 아닌 교육·훈련과정이며, 1주일에 15시간
미만, 최소 100시간 이상 실시하고 있다.

☾ 복지지원

복지지원이 학교 밖 청소년들에게 큰 도움이 되고 있다. 꼭 필요
하고 더 확대되었으면 하는 부분이다.

급식비 지원

급식 지원을 통해 결식을 예방하고 영양을 개선하기 위해 실시한
다. 대상 청소년이나 센터 여건에 따라 다양한 형태로 지원한다. 인
근 식당에서 식사하거나 배달음식, 도시락 등을 이용한 급식을 제
공하고, 비대면 급식 지원은 급식 꾸러미, 마트 식품 배달, 모바일
쿠폰 같은 제품 교환권 등으로 이용할 수도 있다.

교통비 지원

이동권을 보장해 프로그램에 잘 참여할 수 있도록 한다. 교통카드 충전 방식으로 지원한다. 온·오프라인 통합 6회 이상 프로그램에 참여하면 월 4만 원의 교통카드를 충전할 수 있다. 지역마다 지원 내용과 방식에 차이가 있다.

직접지원비 지원

청소년 가구의 소득이 기준 중위소득 72퍼센트 이하인 사람에게 꿈드림센터 자체 사례 판정 회의를 통해 지원한다. 지원 내용은 상담, 교육, 직업체험 및 자립 지원, 건강지원 등 지원 내용에 따라 1인당 금액이 다르게 책정되어 있다. 꿈드림센터에서는 도움이 꼭 필요한 청소년이 혜택을 놓치지 않도록 청소년 유관기관, 행정복지센터와 협조하며 진행한다.

☾ 검정고시

자퇴한 청소년들이 학교에 가지는 않지만 계속 배우려는 열정은 강하다. 검정고시를 통해 졸업자격을 취득하고 진학을 희망하는 청소년이 많다. 꿈드림센터에서 검정고시 대비반을 운영하고 있다.

시험 일정

1년에 2번 4월과 8월에 시행한다. 각 시·도교육청 검정고시 시행공고문을 참고하면 된다.

고시 과목

구분	필수	선택
초졸	국어, 수학, 사회, 과학(4과목)	도덕, 체육, 음악, 미술, 실과, 영어 과목 중 2과목
중졸	국어, 수학, 영어, 사회, 과학(5과목)	도덕, 기술 · 가정, 체육, 음악, 미술 과목 중 1과목
고졸	국어, 수학, 영어, 사회, 과학, 한국사 (6과목)	도덕, 기술 · 가정, 체육, 음악, 미술 과목 중 1과목

합격자 결정

각 과목은 100점 만점으로, 전 과목 평균 60점 이상을 취득한 자, 평균이 60점 이상을 받았더라도 결시 과목이 있으면 불합격 처리한다.

과목 합격

시험성적이 60점 이상인 과목은 과목 합격을 인정한다. 본인이 원하면 다음에 치르는 시험에서 해당 과목을 면제하고 다른 과목만 볼 수 있다.

기존 과목 합격자가 해당 과목에 재응시하면 기존 과목 합격 성적과 관계없이 재응시한 과목 성적으로 합격 여부를 결정한다.

문항 형식

문항 형식은 객관식 4지 택 1형이다. 초졸은 과목별 20문항, 중졸과 고졸은 과목별 25문항이며, 수학은 20문항이다.

기출문제

기출문제는 시도교육청 홈페이지나 한국교육과정평가원에서 제공하고 있다.

검정고시 대비반 운영

연 2회 시행되는 검정고시에 대비해 검정고시반을 편성하여 운영한다. 공부는 혼자 하는 것보다 함께하는 것이 더 잘된다는 사람들이 많다. 과목별 학습 멘토링으로 좋은 성적을 내고 있다. 온라인 수강으로 준비할 수도 있다.

☾ 대학입시(대입 진로진학) 설명회

운영 개요

학교 밖 청소년을 위한 대입 진로진학 설명회를 매년 개최한다. 전국 꿈드림에 문의하면 설명회에 관해 자세하게 안내받을 수 있다. 꿈드림센터에서 직접 설명회를 운영할 수도 있고, 교육청과 연계해 운영할 수도 있다.

학교에 다니는 학생이 아니라 학교 밖 청소년과 미인가 대안학교 학생이 대상이기 때문에 맞춤식으로 자료를 얻고 대학을 준비하는 데 많은 도움이 될 것이다.

내용

– 학교 밖 청소년을 위한 대학입시 설명회
– 청소년과 학부 1:1 맞춤형 개별 상담

- 대학입시에 관한 자료 열람

☾ 학교 밖 청소년 건강검진

개요

재학생의 경우 학교에서 정기적으로 건강검진을 시행하고 있으나, 학교 밖 청소년은 제도권에서 벗어나 있어서 질병의 조기 발견과 예방을 위한 건강검진을 소홀히 할 우려가 있다. 학교 밖 청소년이 건강하게 성장할 수 있도록 학교 밖 청소년을 대상으로 정기 건강검진을 지원한다.

지원대상

9세 이상 18세 이하 학교 밖 청소년이면 지원받을 수 있다. 다만 19세의 학교 밖 청소년도 건강검진이 가능하지만 다른 국가 건강검진과 중복 지원은 불가하다.

지원 내용
 - 검진항목 : 혈액검사, 간염검사, 구강검사, 결핵검진 및 잠복
   결핵검진 등
 - 신청 기간, 검진 기간 : 연중
 - 검진비용 : 무료
 - 검진기관 : 건강IN 누리집에서 확인
 - 운영기관 : 국민건강보험공단

신청절차 및 방법

학교 밖 청소년 지원센터를 방문하거나 우편이나 이메일로 신청 (이메일로 제출할 때는 반드시 해당 학교 밖 청소년 지원센터와 협의한 뒤 제출)

필요서류

- 건강검진 신청서(개인정보수집이용동의서 포함)
- 학교 밖 청소년임을 증명할 수 있는 서류

문의

- 꿈드림(www.kdream.or.kr) 검색을 통해 지역별 학교 밖 청소년지원센터 확인
- 청소년전화 1388 또는 110, 핸드폰 지역번호+1388(또는 국번 없이 110)

☾ 청소년증 발급

개요

청소년증이란, 만 9세 이상 18세 이하 청소년 본인임을 확인하는 신분증을 말한다. 학생 여부와는 무관하다. 청소년이면 누구든지 발급받을 수 있다.

발급권자

특별자치도지사, 특별자치시장, 시장·군수·구청장

용도

공적신분증(대학수학능력시험·검정고시·운전면허시험, 은행 등에서 신분 증명), 청소년우대 증표(교통시설, 문화시설, 여가시설 등에서 이용료 면제 또는 할인 증표), 교통카드(대중교통 및 편의점 등에서 선불 결제)

지원대상

만 9세 이상 18세 이하 청소년

※ 유효기간 : 만 19세가 되기 바로 전날까지 유효

신청방법

- 청소년 본인 또는 대리인이 신청 가능
- 전국 어디서든 가까운 읍·면·동 주민센터에서 신청 가능(주 소지 무관)

방문수령 또는 등기수령 선택

※ 발급 비용 무료(다만, 등기수령 선택 시 우송료는 신청인 부담)

신청절차

1. 신청 : 청소년 본인 신청 – 발급신청서, 사진 1매
   대리인 신청 – 발급신청서, 사진 1매, 대리인 증명서류
2. 접수 : 가까운 주민센터 → 행복e음 시스템
3. 제작 : 한국조폐공사, 방문수령 또는 등기수령
4. 교부 : 방문수령: 신청주민센터 → 신청인
         등기수령: 신청인

필요서류

발급신청서, 사진 1매, 대리인 증명서류(대리인 신청 시)

※ 단, 본인 확인 등을 위해 필요할 때 추가서류를 요구할 수 있
으니 발급기관(읍·면·동 주민센터)에 사전확인 필요

문의

가까운 읍·면·동 주민센터

☽ 학교 밖 청소년 지원센터 직원 채용 조건

채용분야	응시 자격
센터장	다음 중 어느 하나에 해당하는 사람 1명을 두어야 한다. 다만, 지원센터의 장은 청소년 지원을 위한 기관 또는 단체의 장과 겸임할 수 있다. • 「고등교육법」 제2조 제1호부터 제3호까지 또는 제5호에 따른 학교를 졸업해 청소년 관련 분야의 학사학위를 보유하거나 이와 같은 수준의 학력이 있다고 다른 법령에서 인정하는 사람으로서 학교 밖 청소년 관련 실무경력이 5년 이상인 사람 • 「고등교육법」 제2조 제4호에 따른 전문대학을 졸업해 청소년 관련 분야의 전문학사학위를 보유하거나 이와 같은 수준의 학력이 있다고 다른 법령에서 인정하는 사람으로서 학교 밖 청소년 관련 실무경력이 7년 이상인 사람 • 청소년상담사, 청소년지도사, 사회복지사, 직업상담사 자격증 소지자로서 학교 밖 청소년 관련 실무경력이 5년 이상인 사람 • 학교 밖 청소년 관련 실무경력이 10년 이상인 사람

채용분야	응시 자격
팀장	다음 중 어느 하나에 해당하는 상근 직원 1명 이상을 두어야 한다. • 「고등교육법」 제2조 제1호부터 제3호까지 또는 제5호에 따른 학교를 졸업하여 청소년 관련 분야의 학사학위를 보유하거나 이와 같은 수준의 학력이 있다고 다른 법령에서 인정하는 사람으로서 학교 밖 청소년 관련 실무경력이 3년 이상인 사람 • 「고등교육법」 제2조 제4호에 따른 전문대학을 졸업하여 청소년 관련 분야의 전문학사학위를 보유하거나 이와 같은 수준의 학력이 있다고 다른 법령에서 인정하는 사람으로서 학교 밖 청소년 관련 실무경력이 5년 이상인 사람 • 청소년상담사, 청소년지도사, 사회복지사, 직업상담사 자격증 소지자로서 학교 밖 청소년 관련 실무경력이 3년 이상인 사람 • 학교 밖 청소년 관련 실무경력이 7년 이상인 사람
팀원	다음 중 어느 하나에 해당하는 상근 직원 1명 이상을 두어야 한다. • 「고등교육법」 제2조 제1호부터 제3호까지 또는 제5호에 따른 학교를 졸업해 청소년 관련 분야의 학사학위를 보유하거나 이와 같은 수준의 학력이 있다고 다른 법령에서 인정하는 사람 • 「고등교육법」 제2조 제4호에 따른 전문대학을 졸업해 청소년 관련 분야의 전문학사학위를 보유하거나 이와 같은 수준의 학력이 있다고 다른 법령에서 인정하는 사람으로서 학교 밖 청소년 관련 실무경력이 2년 이상인 사람 • 청소년상담사, 청소년지도사, 사회복지사, 직업상담사 자격증 소지자 • 학교 밖 청소년 관련 실무경력이 5년 이상인 사람

꿈드림 선생님들은 관련 분야의 공부를 하고 자격을 갖춘 분들이다. 자랑할 만한 근무조건이 아닌데도 불구하고 이곳을 선택한 분들이다. 청소년들과 함께 프로그램을 진행하면서 보람을 느끼고 행복해한다. 청소년들이 방황할 때, 어디로 갈지 방향을 잡지 못할때, 가만히 기다려준다.

위에 제시된 자격증과 경험은 채용 조건일 뿐이다. 그것과 관계 없이 선생님들은 사랑이 가득한 분들이다. 청소년들의 자유로운 영혼을 받아들이고 작은 것에도 반응하고, 관심 두고, 공감하고, 지지해 준다.

꿈드림센터를 몰랐던 청소년이라면 검색해보자. 내 주변에 이런 곳이 있었는데 나는 왜 지금까지 몰랐을까 아쉬워할지도 모르겠다.

눈 한번 딱 감고 가보자.

닫는 글

학교 밖 청소년 지원센터를 알리고 싶어서 이 글을 쓰기 시작했습니다. 학교 밖 청소년 지원센터 외에도 많은 청소년 관련 시설이 청소년들의 건강한 성장을 위해 노력하고 있습니다. 그중 하나인 학교 밖 청소년 지원센터, 전국적으로 웬만한 도시에는 다 있는데도 아직 모르는 청소년들이 많습니다. 이런 곳이 있는지도 모르고, 학교 밖 청소년이 어떤 지원을 받을 수 있는지도 잘 모르기 때문에 제대로 알려야 할 필요성을 실감했습니다.

2015년 「학교 밖 청소년 지원에 관한 법률」이 시행되면서 여성가족부에서 학교 밖 청소년 사업을 지원하고 있습니다. 학교 밖 청소년은 2019년 기준으로 전국에 39만여 명에 이를 것으로 추산됩니다. 여성가족부에서 꿈드림센터를 통해 관리, 지원하고 있지만 220개 꿈드림센터를 이용하고 있는 청소년은 20퍼센트 정도에 불과합니다.

자기만의 꿈을 꾸고 당당하게 학교를 그만두긴 했지만, 세상이 만만하지 않아 새로운 도전을 해보지 못하고 있는 청소년들은 근처에 있는 꿈드림센터의 문을 두드려 보세요.

혼자 결정했으니 혼자서 해보겠다는 의지는 좋습니다. 하지만 무작정 버티는 것은 좋지 않습니다. 여러분 나이에는 누군가의 도움이 필요합니다. 도움의 손길을 내미는 것은 용기가 없거나 부끄러운 것이 아닙니다. 오히려 그것이 용기입니다.

세네카가 이런 말을 했습니다. '우리는 학교를 위해서가 아니라 인생을 위해서 배운다.'라고. 이제 학교 생각, 남 생각은 그만하고 나의 인생을 위해 지금 내가 있는 곳에서 배움을 계속해보는 건 어떨까요?

여러분이 학교 안에 있든, 학교 밖에 있든, 배움은 계속되어야 합니다. 공부해서 남을 줘야 할 때이고 그런 마음을 가져야 합니다. 그래야 살아 있는 사람입니다.

학교 밖 청소년 지원센터 꿈드림을 찾은 청소년들과 함께 여러 가지 활동을 해오면서 청소년들이 점점 자신감을 회복하고 무슨 일이든 척척 해내는 것을 보고 놀랐습니다. 변화는 한순간에 오지 않습니다. 아주 서서히 진행되다가 어느 순간 자기도 모르게 폭발하듯 변화하는 것입니다. 여러분이 직접 경험할 때입니다.

책을 마무리하며 아쉬운 점은 꿈드림센터에서 하는 일을 모두 담아내지는 못했다는 것입니다. 꿈드림센터에 계시는 선생님들의 따뜻한 마음도 제대로 표현하지 못했습니다. 누군가 훗날 더 좋은 내용으로 보완할 수 있기를 간절히 바랍니다.

로마인들은 편지를 쓸 때 인사말로 이렇게 쓴다고 합니다.

'Si vales bene est, ego vale.'

당신이 잘 있다면 잘되었네요, 나는 잘 지냅니다.

"여러분, 잘 지내고 있죠?"

참고문헌 및 출처

1. 이하영(2008), 「열다섯 살 하영이의 스웨덴 학교 이야기」, 양철북

2. 여성가족부, 복권위원회, 한국청소년상담복지개발원 공저 「2021년 학교 밖 청소년 지원사업 청소년지원센터 「꿈드림업무 매뉴얼」

3. 경기도, 「2021년 경기도 학교 밖 청소년 지원 운영지침」

4. 경기도교육청, 「2021학년도 학업중단숙려제 운영 매뉴얼」

5. 경기도교육청, 「2021 학교 밖 청소년 진로진학 설명회 자료」

6. 여성가족부 홈페이지 (http://wwww.mogef.go.kr)

7. 학교밖청소년지원센터 꿈드림 홈페이지 (http://www.kdream.or.kr)

참
고
문
헌
및
출
처

OO
학교 밖 학교
학교 밖 청소년 지원센터 꿈드림 이야기

2022년 7월 20일 초판 1쇄 인쇄
2022년 7월 28일 초판 1쇄 발행

지은이 장재현
펴낸이 정영구
펴낸곳 누림과 이룸
편   집 김형준, 전정숙, 박영희
내지일러스트 김소연

등   록 제25100-2017-000010
주   소 서울시 동작구 사당로27길 78(사당동) 501호
전   화 02) 811-0914
이 메 일 zeronine86@hanmail.net
페이스북 facebook.com/nurimiroom

디 자 인 박혜선
인   쇄 디자인화소

ISBN 979-11-91780-07-9 (03330)
정가 15,000원